Lehrerband

Unterrichtssequenzen
mit Stundenbildern und Kopiervorlagen

Leben gestalten

Unterrichtswerk für den katholischen Religionsunterricht
in der 12. Jahrgangsstufe am Gymnasium

Herausgegeben von Bernhard Gruber

Erarbeitet von
Markus Birner, Brigitte Fuchs, Martin Hann, Claudia Leuser,
Dagmar Navratil und Matthias Stein

Ernst Klett Verlag
Stuttgart · Leipzig

Abkürzungen:

AA	Arbeitsauftrag/Arbeitsaufträge	LZK	Lernzielkontrolle
AB	Arbeitsblatt	M	Material
aGA	arbeitsteilige Gruppenarbeit	OHF	Overheadfolie
DS	Doppelseite	PA	Partnerarbeit
EA	Einzelarbeit	RU	Religionsunterricht
F	Folie	S	Schüler/-innen
GA	Gruppenarbeit	SSG	Schüler-Schüler-Gespräch
GL	Gotteslob	SV	Schülervortrag
HA	Hausaufgabe	TA	Tafel/Tafelarbeit
HE	Hefteintrag	TB	Tafelbild
L	Lehrer/-in	TLP	Tageslichtprojektor
LE	Lehrererzählung	TN	Teilnehmer
LSG	Lehrer-Schüler-Gespräch	UE	Unterrichtseinheit
LP	Lehrplan	UG	Unterrichtsgespräch
LV	Lehrervortrag	UW	Unterrichtswerk

1. Auflage

Alle Drucke dieser Auflage sind unverändert und können im Unterricht nebeneinander verwendet werden.
Die letzte Zahl bezeichnet das Jahr des Druckes.

Das Werk und seine Teile sind urheberrechtlich geschützt. Jede Nutzung in anderen als den gesetzlich zugelassenen Fällen bedarf der vorherigen schriftlichen Einwilligung des Verlages. Hinweis §52 a UrhG: Weder das Werk noch seine Teile dürfen ohne eine solche Einwilligung gescannt und in ein Netzwerk eingestellt werden. Dies gilt ach für Intranets von Schulen und sonstigen Bildungseinrichtungen.
Fotomechanische oder andere Wiedergabeverfahren nur mit Genehmigung des Verlages.
Auf verschiedenen Seiten dieses Heftes befinden sich Verweise (Links) auf Internet-Adressen. Haftungshinweis: Trotz sorgfältiger inhaltlicher Kontrolle wird die Haftung für die Inhalte der externen Seiten ausgeschlossen. Für den Inhalt dieser externen Seiten sind ausschließlich die Betreiber verantwortlich. Sollten Sie daher auf kostenpflichtige, illegale oder anstößige Inhalte treffen, so bedauern wir dies ausdrücklich und bitten Sie, uns umgehend per E-Mail davon in Kenntnis zu setzen, damit beim Nachdruck der Verweis gelöscht wird.

© und ℗ Ernst Klett Verlag GmbH, Stuttgart 2011. Alle Rechte vorbehalten. www.klett.de

Herausgeber: Dr. Bernhard Gruber, Friedberg
Autorinnen und Autoren: Markus Birner, Regensburg; Dr. Brigitte Fuchs, Harburg; Martin Hann, München; Dr. Claudia Leuser, Nürnberg; Dagmar Navratil, München; Matthias Stein, München

Gestaltung: Projektteam des Ernst Klett Verlages
Umschlaggestaltung: Projektteam des Ernst Klett Verlages
Satz: Fotosatz H. Buck, Kumhausen
Druck: Bosch-Druck GmbH, Ergolding

Printed in Germany
ISBN 978-3-12-006572-2

Inhalt

Vorwort 5

I. Ethische Kompetenz aus christlicher Sicht: Orientierung im Wertepluralismus 6

1. Bilddoppelseite 6
2. Ethik und Lebensgestaltung: Entscheidungssituationen im Alltag............ 6
3. Normenwandel: Chancen und Grenzen... 6
4. Aktuelle ethische Probleme im Überblick in Bezug auf wichtige Modelle der Normenbegründung: Hedonismus 7
5. Aktuelle ethische Probleme im Überblick in Bezug auf wichtige Modelle der Normenbegründung: Naturrecht......... 8
6. Aktuelle ethische Probleme im Überblick in Bezug auf wichtige Modelle der Normenbegründung: Pflichtethik........ 8
7. Aktuelle ethische Probleme im Überblick in Bezug auf wichtige Modelle der Normenbegründung: Rechtspositivismus 9
8. Aktuelle ethische Probleme im Überblick in Bezug auf wichtige Modelle der Normenbegründung: Utilitarismus....... 9
9. Aktuelle ethische Probleme im Überblick in Bezug auf wichtige Modelle der Normenbegründung: Ethik der Verantwortung (Hans Jonas) 10
10. Aktuelle ethische Probleme im Überblick in Bezug auf wichtige Modelle der Normenbegründung: Diskursethik (Jürgen Habermas).................... 10
11. Grundtypen ethischer Argumentation, z.B. Gesetzesethik, Gesinnungs- und Verantwortungsethik 11
12. Wort Gottes und menschliche Erfahrung im Dekalog 11
13. Orientierung an Bibel und kirchlicher Tradition 12
14. Orientierung an Bibel und kirchlicher Tradition 13
15. Orientierung an Bibel und kirchlicher Tradition 14
16. „Wenn Gott tot ist, ist dann alles erlaubt?" 14

Materialien 22

II. Ethische Kompetenz aus christlicher Sicht: aktuelle Herausforderungen 31

1. Bilddoppelseite........................ 31
2. Partnerschaft als personaler Gestaltungsraum................................ 31
3. Das katholische Eheverständnis 32
4. Das christliche Familienverständnis 33
5. Berufung zur Ehelosigkeit.............. 34
6. Die Menschenrechte – verankert im christlichen Menschenbild 34
7. Chancen und Schwierigkeiten bei der Verwirklichung von Menschenrechten ... 36
8. Schritte ethischer Urteilsbildung – Güterabwägung, Entwickeln von Alternativen.. 36
9. Die katholische Soziallehre in den Sozialenzykliken............................ 37
10. Die Prinzipien der katholischen Soziallehre 38
11. Von der Haltung zur Tat – von der Bedeutung christlicher Tugenden im Beruf..... 38

Materialien 43

III. Dimensionen der Zukunft – Gestaltungsauftrag für die Gegenwart......................... 57

1. Bilddoppelseite........................ 57
2. Unsere Zukunft angesichts der neuen Informations- und Kommunikationstechnologien........................... 57
3. Deutschlands demografische Entwicklung................................. 58
4. Zukunftsperspektiven: Futurologie 58
5. Zukunftsperspektiven: Utopie 59
6. Utopie in biblischen Texten............ 60
7. Eschatologische Vorstellungen: Prophetie und Apokalyptik............. 60
8. Die Reich-Gottes-Verkündigung Jesu..... 61
9. Worauf dürfen wir hoffen?............. 61
10. Der Grund unserer Hoffnung........... 62
11. Die Vollendung der Welt 62
12. Impulse aus der christlichen Zukunftserwartung/Herr, gib mir die Kraft, Dinge zu ändern, die ich ändern kann......... 64

Materialien 65

IV. Grundriss einer Zusammenschau: das christliche Credo 84

1. Bilddoppelseite 84
2. Ich glaube 85
3. Glaube als Grundorientierung 87
4. Bedeutung des Glaubensbekenntnisses im Leben und Glauben der Kirche 87
5. Schöpfer des Himmels und der Erde 88
6. ... als Abbild Gottes schuf er ihn/Bild und Botschaft 89
7. Vater, der Allmächtige/Bild und Botschaft 91
8. Jesus Christus – gekreuzigt, gestorben und begraben 92
9. Auferstanden von den Toten 93
10. Der Heilige Geist 93

Materialien 95

Quellenverzeichnis 113

Vorwort

Liebe Kolleginnen und Kollegen,

wir freuen uns, dass Sie mit „Leben gestalten" unterrichten und hoffen, Ihnen mit diesem Handbuch die tägliche Vorbereitung erleichtern zu können.

Natürlich gibt es viele Möglichkeiten, ein Lehrplanthema aufzubereiten, und je nach Kurssituation bzw. Lehrerpersönlichkeit kann mal der eine, mal ein ganz anderer Weg pädagogisch erfolgversprechend scheinen. So erhebt dieses Handbuch auch nicht den Anspruch eines Königswegs. Oft werden Sie eigene Ideen und Materialien in Ihre Arbeit mit „Leben gestalten" einbauen und damit Ihrem Unterricht sein unverwechselbares Profil geben. In Zeiten, in denen Sie mit anderweitigen Aufgaben überlastet sind, ermöglicht es Ihnen darüber hinaus aber auch einmal eine etwas schnellere Unterrichtsplanung.

Wir haben darauf geachtet, dass bei aller formalen Vereinheitlichung die pädagogisch-didaktische Handschrift des jeweiligen Autors erkennbar bleibt, um die Bandbreite, innerhalb derer zeitgemäßer Religionsunterricht heute erfolgen kann, nicht unnötig zu beschneiden.

Wir wünschen Ihnen und Ihren Schülerinnen und Schülern viel Freude bei einem abwechslungsreichen, lebensnahen, christliche Orientierung ermöglichenden Religionsunterricht.

Die Autoren

I. Ethische Kompetenz aus christlicher Sicht: Orientierung im Wertepluralismus

1. Bilddoppelseite (S. 6/7)

Lernziel:
– einen ersten Überblick über aktuelle ethische Fragestellungen gewinnen

Erarbeitung:

Die erste Doppelseite besteht aus einer Collage von Zeitungsüberschriften und Bildern, die als Ausgangspunkt für ein erstes Unterrichtsgespräch über aktuelle ethische Fragestellungen dienen. Daran können sich Rechercheaufträge anschließen, bei denen die S sich einzeln oder in Kleingruppen genauer mit jeweils einem der hier angesprochenen Probleme befassen und Kurzreferate oder Statements vorbereiten, die im Laufe der Unterrichtseinheit an den entsprechenden Stellen einbezogen werden.

2. Ethik und Lebensgestaltung: Entscheidungssituationen im Alltag (S. 8/9)

Vorbemerkung:

Diese Doppelseite versucht die S vor allem für die zentralen Fragen der Ethik zu sensibilisieren: „Was wollen wir eigentlich und im Grunde?", „Was ist Gerechtigkeit?", „Gibt es einen allgemeingültigen Maßstab für gute und schlechte Handlungen?" Diese Fragen können im Laufe der Unterrichtseinheit immer wieder aufgegriffen und aus verschiedenen Perspektiven beleuchtet werden.

Lernziele:
– sich anhand eines Beispiels aus dem eigenen Erfahrungsbereich sowie eines literarischen Textimpulses mit der grundlegenden Frage auseinandersetzen, ob es einen allgemeingültigen Maßstab für gute und schlechte Handlungen gibt
– Vertiefen dieser ersten Überlegungen durch Stellungnahme zu einer These aus Platons Dialog „Gorgias"

Hinweise für den Unterrichtsverlauf:

Einstieg:

Als Einstieg dient ein einfaches Beispiel aus dem Erfahrungsbereich der S, das zu Beginn der Stunde von L vorgetragen wird. Die drei AA auf S. 8 werden zunächst in Kleingruppen bearbeitet, die Ergebnisse werden anschließend im Plenum vorgestellt und diskutiert. Die Frage nach den möglichen Kriterien, die dabei zugrunde gelegt wurden, wird durch die weiteren Ausführungen auf S. 8 abgerundet, die zugleich zur Erarbeitungsphase überleiten.

Erarbeitung:

Im Zentrum der Erarbeitungsphase steht die Auseinandersetzung mit dem Textauszug aus Friedrich Dürrenmatts Roman „Der Verdacht". Die S lesen den Text still für sich und bearbeiten danach die drei oberen AA auf S. 9. Danach werden die Ergebnisse der EA im Plenum besprochen.

Vertiefung:

In der Vertiefungsphase werden die S mit der These des Sokrates aus Platons Dialog „Gorgias" konfrontiert, dass Unrecht zu leiden grundsätzlich besser sei als Unrecht zu tun. Die im vorletzten AA geforderte Stellungnahme gibt ihnen die Möglichkeit, die verschiedenen Gesichtspunkte, die im Laufe der Stunde eine Rolle gespielt haben, noch einmal gegeneinander abzuwägen; dabei kann auch das Ausgangsbeispiel noch einmal aufgegriffen werden (vgl. dazu den letzten AA auf S. 9).

Die begründete Stellungnahme könnte evtl. auch in schriftlicher Form als HA gefordert werden.

3. Normenwandel: Chancen und Grenzen (S. 10/11)

Lernziele:
– sich anhand eines literarischen Textimpulses der Notwendigkeit des Normenwandels bewusst werden
– anhand eines Textauszugs aus „Normen im Wandel" von Johannes Gründel über Chancen und Grenzen des Normenwandels reflektieren und die dabei erarbeiteten Kriterien auf Beispiele aus Geschichte und Gegenwart anwenden

Hinweise für den Unterrichtsverlauf:

Vorbereitung:

Kann für die abschließende Rechercheaufgabe nicht auf das Internet zurückgegriffen werden, sollten einschlägige Lexika und Nachschlagewerke (z. B. der „Katechismus der Katholischen Kirche") bereitgelegt werden.

Ist geplant, die Karikatur M 1 (→ S. 22) einzusetzen, sollte diese vor der Stunde auf Folie gebrannt werden.

I. Ethische Kompetenz aus christlicher Sicht: Orientierung im Wertepluralismus 7

Einstieg:

Zu Beginn der Stunde wird der Textauszug aus „Der kleine Prinz" von Antoine de Saint-Exupéry (S. 10/11) von L oder einem S laut vorgetragen. Im Anschluss daran wird gemeinsam der erste AA auf S. 11 bearbeitet. Die von den S genannten Aspekte werden von L in Stichpunkten an der Tafel festgehalten (vgl. TB I, linke Spalte → S. 17).

Erarbeitung:

Die S lesen den Textauszug aus dem Buch „Normen im Wandel" von Johannes Gründel zunächst still für sich und setzen sich danach in einer kurzen PA mit dem zweiten AA auf S. 11 auseinander. In der Auswertung der PA sollte klar werden, dass es beim Normenwandel nicht primär darum gehen kann, sich um jeden Preis veränderten Lebensverhältnissen anzupassen. Entscheidend für den Normenwandel ist vielmehr, dass die den Normen zugrunde liegenden Werte auch unter veränderten Bedingungen möglichst effektiv umgesetzt werden. Die in M 1 vorliegende Karikatur könnte dazu herangezogen werden, diesen Gedanken noch einmal zu vertiefen; sie macht den S bewusst, dass Normen niemals zum bloßen Selbstzweck werden dürfen, sondern dass sie als Verhaltensrichtlinien letztlich darauf ausgerichtet sein sollten, den Einzelnen und die Gemeinschaft zu schützen. Dieses Ergebnis wird abschließend in Form eines Tafelbildes bzw. Hefteintrags gesichert (vgl. TB I, rechte Spalte und Resümee → S. 17).

Anwendung:

Die Anwendung erfolgt in Verbindung mit dem Rechercheauftrag zu den beiden „klassischen" Beispielen für einen Normenwandel im kirchlichen Bereich: die Aufhebung des Zinsverbotes einerseits und der Umgang mit Menschen, die sich selbst das Leben genommen haben, andererseits. Die abschließende Diskussion soll den S die Möglichkeit geben, aus ihrem eigenen Erfahrungsbereich weitere Beispiele für einen notwendigen Normenwandel in der Gegenwart zu benennen, wobei jedoch streng darauf geachtet werden sollte, die in Zusammenhang mit dem Text von Johannes Gründel erarbeiteten Grenzen des Normenwandels nicht aus dem Blick zu verlieren (vgl. dazu auch die beiden letzten AA auf S. 11).

Anmerkung zum weiteren Vorgehen:

Die Doppelseiten von S. 12/13 bis zu S. 24/25 behandeln jeweils die sieben Modelle der Normenbegründung, die im Lehrplan aufgeführt sind. Jedes dieser Modelle wird dem Lehrplan entsprechend zugleich auf ein aktuelles ethisches Problem bezogen. Dabei ist jedoch unbedingt zu beachten, dass es sich hierbei um *Alternativen* handelt, die zur Auswahl stehen. Um den Lehrplan zu erfüllen, genügt es, lediglich zwei dieser Modelle zu besprechen und miteinander zu vergleichen. Die Doppelseiten sind jedoch so gestaltet, dass sie auch zur Grundlage einer arbeitsteiligen GA oder einer Portfolioarbeit werden können, wenn man den S die Möglichkeit geben will, mehr als zwei Modelle kennenzulernen. Dies kommt auch der stärkeren Gewichtung der mündlichen Leistungen in der neuen Oberstufe entgegen, da auf der Grundlage der im Buch vorliegenden Materialien ohne Weiteres entsprechende mündliche Leistungsnachweise, zum Beispiel in Form von Kurzreferaten oder Präsentationen, erbracht werden können.

Die folgenden Vorschläge beziehen sich in erster Linie auf die ausführliche Erarbeitung des jeweiligen Modells im Unterricht.

4. Aktuelle ethische Probleme im Überblick in Bezug auf wichtige Modelle der Normenbegründung: Hedonismus (S. 12/13)

Lernziel:

– den Hedonismus in seinen Grundzügen kennenlernen und sich auf dieser Grundlage kritisch mit diesem Modell der Normenbegründung auseinandersetzen

Hinweise für den Unterrichtsverlauf:

Vorbereitung:

Wird beim AA auf S. 12 dem zweiten Vorschlag gefolgt, sollten Moderationskarten und nach Möglichkeit auch eine Pinnwand bereitgehalten werden.

Einstieg:

Nach der gemeinsamen Lektüre des Einleitungstextes auf S. 12 erhalten die S entweder den Auftrag, eine Werbeanzeige zu konzipieren, die zum Ausdruck bringt, was für sie zu einem „glücklichen Leben" gehört, oder stattdessen eine persönliche Definition von Glück zu formulieren (vgl. den AA auf S. 12).

Wird der zweite Vorschlag aufgegriffen, sollten diese Definitionsversuche nach Möglichkeit auf Kärtchen geschrieben und anschließend in moderierter Form ausgewertet werden (Präsentation der Karten vor der Klasse, Clusterbildung an einer Pinnwand, Diskussion der Ergebnisse). Dieses Verfahren hat überdies den Vorteil, dass im Laufe der Unterrichtseinheit immer wieder auf das ursprüngliche Meinungsbild der Klasse zurückgegriffen werden kann.

Erarbeitung:

In der Erarbeitungsphase stellen die S auf der Grundlage des Lehrbuchtextes auf S. 12/13 die Grundzüge des Hedonismus heraus und halten diese schriftlich fest. Die Ergebnisse werden im LSG ausgewertet und gesichert (vgl. TB II → S. 17).

Vertiefung:

Im Anschluss daran wird im Plenum diskutiert, inwieweit die Positionen Epikurs, die im sog. Tetrapharmakon („vierfaches Heilmittel") bündig zusammengefasst werden, mit den modernen Vorstellungen von einem geglückten Leben kompatibel sind (vgl. den ersten AA auf S. 13). Dabei sollte abschließend auch die Frage aufgegriffen werden, wie die gesellschaftspolitischen Konsequenzen dieses Modells der Normenbegründung aus heutiger Sicht zu bewerten sind (vgl. dazu auch den Bildausschnitt aus der „Schule Athens" sowie den letzten AA auf S. 13).

5. Aktuelle ethische Probleme im Überblick in Bezug auf wichtige Modelle der Normenbegründung: Naturrecht (S. 14/15)

Lernziel:

– die Naturrechtsethik in ihren Grundzügen kennenlernen und sich auf dieser Grundlage kritisch mit diesem Modell der Normenbegründung auseinandersetzen

Hinweise für den Unterrichtsverlauf:

Vorbereitung:

Für die Erstellung der Mindmap in der Einstiegsphase sollten nach Möglichkeit großformatiges Papier und Edding-Stifte (alternativ Schreibfolien für eine Präsentation am OH-Projektor) bereitgehalten werden.

Einstieg:

In der neuen Oberstufe geht es auch entscheidend darum, im Sinne des vom Lehrplan gewünschten vernetzten und nachhaltigen Lernens immer wieder fächerübergreifende Aspekte aufzugreifen und in früheren Jahrgangsstufen erworbenes Wissen sinnvoll anzuwenden und zu vertiefen. Deshalb wird an dieser Stelle ganz bewusst auf den ersten Themenbereich der 10. Jgst. zurückgegriffen. Der Aufzählung einiger Möglichkeiten der Biotechnik sowie dem Text von Eberhard Schockenhoff auf S. 14 kommt dabei lediglich unterstützende Funktion zu. Mithilfe dieser Materialien (und des Glossars) erstellen die S in GA eine Mindmap zu den Chancen und Grenzen der Biotechnik (vgl. den AA auf S. 14). Die Vorschläge werden in Form von Plakaten oder Folien dem Plenum präsentiert und im LSG ausgewertet.

Erarbeitung:

In der Erarbeitungsphase stellen die S auf der Grundlage des Lehrbuchtextes auf S. 14/15 und der Grafik auf S. 15 die Grundzüge der Naturrechtsethik heraus und halten diese schriftlich fest. Die Ergebnisse werden im LSG ausgewertet und gesichert (vgl. TB III → S. 18).

Vertiefung:

Die im Laufe der Stunde gewonnenen Erkenntnisse über die Naturrechtsethik werden abschließend auf die in der Einstiegsphase thematisierten Möglichkeiten der Biotechnik angewendet (vgl. dazu den AA auf S. 15).

6. Aktuelle ethische Probleme im Überblick in Bezug auf wichtige Modelle der Normenbegründung: Pflichtethik (S. 16/17)

Lernziel:

– die Pflichtethik in ihren Grundzügen kennenlernen und sich auf dieser Grundlage kritisch mit diesem Modell der Normenbegründung auseinandersetzen

Hinweise für den Unterrichtsverlauf:

Einstieg:

Der Einstieg erfolgt hier in Form einer Dilemmadiskussion (vgl. dazu die methodischen Hinweise auf S. 16, die im Wesentlichen dem Konstanzer Modell der Dilemmadiskussion folgen). Das Dilemma, das der näheren Auseinandersetzung mit der Pflichtethik zugrunde gelegt wird, ist der Fall Metzler-Gäfgen-Daschner, der in den letzten Jahren Rechtsgeschichte gemacht hat. Die Vorgehensweise folgt nach Möglichkeit den vorgegebenen Schritten, kann aber aus Zeitgründen auch in abgekürzter Form ohne Gruppenarbeitsphase durchgeführt werden.

Erarbeitung:

In der Erarbeitungsphase stellen die S auf der Grundlage des Lehrbuchtextes auf S. 17 die Grundzüge der Pflichtethik heraus und halten diese schriftlich fest. Die Ergebnisse werden im LSG ausgewertet und gesichert (vgl. TB IV → S. 18).

Vertiefung:

Im Anschluss daran wenden die S die Prinzipien der Pflichtethik Immanuel Kants auf das vorliegende Fallbeispiel an und überprüfen auf dieser Grundlage auch nochmals ihre eigenen, in der Dilemma-Diskussion zu Beginn der Stunde eingenommenen Positionen (vgl. dazu die beiden AA auf S. 17).

7. Aktuelle ethische Probleme im Überblick in Bezug auf wichtige Modelle der Normenbegründung: Rechtspositivismus (S. 18/19)

Lernziel:

– den Rechtspositivismus in seinen Grundzügen kennenlernen und sich auf dieser Grundlage kritisch mit diesem Modell der Normenbegründung auseinandersetzen

Hinweise für den Unterrichtsverlauf:

Vorbereitung:

Falls gewünscht wird, in der Erarbeitungsphase noch genauer auf das Drama „Antigone" von Sophokles einzugehen, kann auf den in M 2 (→ S. 23) vorliegenden Textauszug zurückgegriffen werden. In diesem Fall ist das Arbeitsblatt in Klassenstärke zu kopieren.

Einstieg:

L schreibt zunächst als stummen Impuls den Satz des ehemaligen Ministerpräsidenten Baden-Württembergs, Hans Filbinger, „Was damals rechtens war, kann heute nicht Unrecht sein", an die Tafel. Erste Reaktionen und Kommentare der S zu dieser Äußerung werden durch einige notwendige Hintergrundinformationen ergänzt, die auch auf S. 18 nachgelesen werden können. Danach folgt die im ersten AA vorgeschlagene Pro- und Kontra-Debatte, die zu den folgenden Ausführungen über den Rechtspositivismus überleitet.

Erarbeitung:

Bevor sich die S mit den Grundzügen des Rechtspositivismus vertraut machen, kann an dieser Stelle mithilfe des Arbeitsblattes (vgl. M 2) erst einmal genauer auf den im Drama „Antigone" von Sophokles vorliegenden Konflikt eingegangen werden, der die Problematik des „gesetzten Rechts" auf sehr eindrucksvolle Weise veranschaulicht (vgl. dazu auch das Szenenfoto sowie den zweiten AA auf S. 18). Die Besprechung der Ergebnisse leitet dann unmittelbar zur modernen Auseinandersetzung über die Beziehung von Recht und Moral im Kontext des Rechtspositivismus über, die im Lehrbuchtext auf S. 19 skizziert wird und die gemeinsam mit den S im LSG erarbeitet werden kann.

Wird auf diese Variante aus Zeitgründen verzichtet, stellen die S auf der Grundlage des Lehrbuchtextes auf S. 18/19 die Grundzüge des Rechtspositivismus heraus und halten diese schriftlich fest. Die Ergebnisse werden im LSG ausgewertet und gesichert (vgl. TB V → S. 18).

Vertiefung:

Am Ende des Lehrbuchtextes wird bereits auf die sog. Mauerschützenprozesse Bezug genommen, die ein aktuelles Beispiel für die mit dem Rechtspositivismus verbundene Problematik darstellen. Indem die S (evtl. auch als schriftliche HA) einen begründeten Standpunkt zur Entscheidung des Bundesverfassungsgerichts einnehmen, wenden sie zugleich die neu gewonnenen Erkenntnisse an (vgl. dazu den AA auf S. 19).

8. Aktuelle ethische Probleme im Überblick in Bezug auf wichtige Modelle der Normenbegründung: Utilitarismus (S. 20/21)

Lernziel:

– den Utilitarismus in seinen Grundzügen kennenlernen und sich auf dieser Grundlage kritisch mit diesem Modell der Normenbegründung auseinandersetzen

Hinweise für den Unterrichtsverlauf:

Vorbereitung:

Wird auf die hier vorgeschlagene Weise verfahren, so sollten vor der Stunde rote und grüne Stimmkarten aus farbigem Papier zugeschnitten werden. Es bietet sich an, darüber hinaus M 3 (→ S. 24) auf Folie zu brennen, um den Abstimmungsprozess transparenter zu gestalten (die letzte Frage wurde hier der inzwischen erfolgten Aussetzung der Wehrpflicht entsprechend aktualisiert).

Einstieg:

Um die aktuellen Probleme, die bereits auf der einleitenden Bilddoppelseite zur Sprache gekommen sind, mit der Hinführung zum Utilitarismus zu verbinden, wird zunächst eine Abstimmung über einige ausgewählte Fragen durchgeführt, die sich in Zusammenhang mit diesen aktuellen Problemen stellen. Mithilfe der roten und grünen Stimmkarten kann die Abstimmung noch etwas interessanter gestaltet werden. Am Ende der Unterrichtseinheit (besser noch nach Abschluss des zweiten Kapitels) kann die Abstimmung wiederholt werden, um zu überprüfen, inwiefern sich durch die Behandlung dieser Fragestellungen im Unterricht eine Veränderung im Meinungsbild der Klasse ergeben hat.

Erarbeitung:

In der Erarbeitungsphase stellen die S auf der Grundlage des Lehrbuchtextes auf S. 21 (bis zur rechten Spalte oben) in PA die Grundzüge des Utilitarismus heraus und halten diese schriftlich fest. Die Ergebnisse werden im LSG ausgewertet und gesichert (vgl. TB VI → S. 19).

Vertiefung:

Zur Vertiefung lesen die S den letzten Abschnitt auf S. 21 und informieren sich über den sog. Präferenz-Utilitarismus von Peter Singer. Im LSG wird dessen Position zum ursprünglichen Konzept des Utilitarismus in Beziehung gesetzt, wie es von Jeremy Bentham und John Stuart Mill entwickelt wurde.

Anwendung:

In einer abschließenden Diskussion über mögliche praktische Konsequenzen des Utilitarismus, speziell auch des Präferenz-Utilitarismus, werden die gewonnenen Erkenntnisse nochmals angewendet (vgl. den letzten AA auf S. 21). Alternativ können die S dazu aufgefordert werden, in Form eines offenen Briefes an Peter Singer zur erarbeiteten Position seines Präferenz-Utilitarismus begründet Stellung zu nehmen (evtl. auch als schriftliche Hausaufgabe).

9. Aktuelle ethische Probleme im Überblick in Bezug auf wichtige Modelle der Normenbegründung: Ethik der Verantwortung (Hans Jonas) (S. 22/23)

Lernziel:

– das Konzept der Ethik der Verantwortung von Hans Jonas in seinen Grundzügen kennenlernen und sich auf dieser Grundlage kritisch mit diesem Modell der Normenbegründung auseinandersetzen

Hinweise für den Unterrichtsverlauf:

Vorbereitung:

Das Zitat von Hans Jonas, das als Einstieg dient, kann als Textimpuls auf Folie kopiert werden (vgl. dazu die Vorlage unter M 4 → S. 24).

Einstieg:

Die S werden mit einem Schlüsselzitat von Hans Jonas konfrontiert, das ihnen als stummer Impuls auf OH-Folie präsentiert wird (vgl. M 4). Danach bearbeiten sie in Stillarbeit den ersten AA auf S. 22. Einige S tragen (freiwillig!) ihre Rede vor. In einer einfachen Mindmap kann an der Tafel festgehalten werden, welche Aspekte bzw. Dimensionen von Verantwortung in den Reden der S angesprochen wurden.

Erarbeitung:

In der Erarbeitungsphase stellen die S auf der Grundlage des Lehrbuchtextes auf S. 22 die Grundzüge der Ethik der Verantwortung heraus, wie sie von Hans Jonas in den 70er-Jahren des 20. Jahrhunderts entwickelt wurde, und halten diese schriftlich fest. Im Mittelpunkt sollten dabei die umweltethischen Prinzipien stehen. Die Ergebnisse werden im LSG ausgewertet und gesichert (vgl. TB VII → S. 19).

Vertiefung:

In einer kurzen PA setzen sich die S anschließend mit dem letzten AA auf S. 22 auseinander und vertiefen auf diese Weise die neu gewonnenen Erkenntnisse. Dabei wird im Interesse einer Sicherung des Grundwissens auch nochmals explizit auf die Verantwortlichkeit als zentrales Wesensmerkmal des christlichen Menschenbildes zurückgegriffen (vgl. dazu 11.4).

Anwendung:

L oder ein S tragen den auf S. 23 abgedruckten Auszug aus der letzten Rede vor, die Hans Jonas kurz vor seinem Tod gehalten hat. Die zentralen Aussagen dieser Rede werden kurz zusammengefasst. Danach bearbeiten die S in Kleingruppen den ersten AA auf S. 23 (je nach technischen Gegebenheiten kann dabei auch das Internet mit einbezogen werden, um die zitierten Thesen aus dem Weltklimabericht in ihrem jeweiligen Kontext zu beleuchten). Sollte für diese Thematik insgesamt nur eine Stunde zur Verfügung stehen, schließt sich der Auswertung der Ergebnisse der GA unmittelbar die abschließende Diskussion über Vor- und Nachteile dieses Modells der Normbegründung an (vgl. den letzten AA auf S. 23). Die Abfassung des kommentierenden Leserbriefs (vgl. den zweiten AA auf S. 23) kann in diesem Fall als schriftliche HA aufgegeben werden.

10. Aktuelle ethische Probleme im Überblick in Bezug auf wichtige Modelle der Normenbegründung: Diskursethik (Jürgen Habermas) (S. 24/25)

Lernziel:

– die Diskursethik in ihren Grundzügen kennenlernen und sich auf dieser Grundlage kritisch mit diesem Modell der Normenbegründung auseinandersetzen

Hinweise für den Unterrichtsverlauf:

Vorbereitung:

Um die beiden Thesen auf S. 24 für eine Positionierungsübung nutzen zu können, sollten diese möglichst auf Plakatformat vergrößert werden (vgl. dazu die Vorlage unter M 5 → S. 25).

Einstieg:

Auf der Grundlage der beiden Thesen wird die Stunde mit einer Positionierungsübung eröffnet, die die S in besonderer Weise für die Fragestellung sensibilisieren soll (vgl. dazu die drei AA auf S. 24). Dem offenen Austausch der Argumente, die stichpunktartig an der Tafel festgehalten werden, kommt dabei große Bedeutung zu, da das äußerst aktuelle und ebenso umstrittene Beispiel der Religionsfreiheit im weiteren Verlauf der Stunde als Ausgangspunkt für die Anwendung der Diskursethik dienen wird.

Erarbeitung:

In der Erarbeitungsphase stellen die S auf der Grundlage des Lehrbuchtextes auf S. 25 die Grundzüge der Diskursethik heraus und halten diese schriftlich fest. Die Ergebnisse, in deren Zentrum die Verfahrensregeln für einen offenen Diskurs im Sinne der Diskursethik stehen sollten, werden im LSG zusammengetragen und ausgewertet (vgl. TB VIII → S. 20).

Anwendung:

Im Anschluss daran wenden die S die gewonnenen Erkenntnisse auf den eingangs diskutierten Konflikt über die Religionsfreiheit an und loten dabei mögliche Vorzüge und Grenzen der Diskursethik aus. Bezüglich der Grenzen könnte zum Beispiel das Problem angesprochen werden, wer denn hier für die Rechte derjenigen eintritt, die nicht in der Lage sind, sich selbst in den Diskurs einzubringen. Auf der Grundlage solcher Überlegungen diskutieren die S abschließend die Praktikabilität dieses Modells der Normbegründung (vgl. die beiden AA auf S. 25).

Damit ist die Auseinandersetzung mit den sieben vom Lehrplan vorgeschlagenen Modellen der Normbegründung abgeschlossen. Die folgenden Themen bzw. Inhalte haben durchweg verbindlichen Charakter.

11. Grundtypen ethischer Argumentation, z. B. Gesetzesethik, Gesinnungs- und Verantwortungsethik (S. 26/27)

Lernziele:

- einen ersten Einblick in drei Grundtypen ethischer Argumentation (Gesetzesethik, Gesinnungsethik und Situationsethik) erhalten
- sich vor diesem Hintergrund der Besonderheit der Verantwortungsethik durch Abgrenzung von der Gesinnungsethik bewusst werden

Hinweise für den Unterrichtsverlauf:

Einstieg:

Ausgangspunkt für den Einstieg ist ein literarisches Beispiel, das den S möglicherweise bereits aus dem Deutsch- oder Englischunterricht bekannt ist: der Roman „Herr der Fliegen" von William Golding. Nach einer kurzen Schilderung der Ausgangssituation bearbeiten die S in Kleingruppen den ersten AA auf S. 26. Die Ergebnisse werden im Plenum vorgetragen, verglichen und diskutiert.

In einem zweiten Schritt machen sich die S mit den Kurzcharakteristiken der ersten drei Grundtypen ethischer Argumentation auf S. 26 vertraut und überlegen gemeinsam, welche Argumentationsform am besten geeignet sein könnte, das menschliche Zusammenleben dauerhaft auf eine sichere Grundlage zu stellen (vgl. den zweiten AA auf S. 26). Erst danach leitet L zum vierten Grundtyp, der Verantwortungsethik, über, die im weiteren Verlauf der Stunde im Vordergrund steht.

Erarbeitung:

In der Erarbeitungsphase lesen die S zunächst still für sich den Textauszug aus dem Buch „Wie kann der Mensch glücken?" von Wilhelm Korff, der auf S. 27 abgedruckt ist. Die Grundgedanken des Textes werden im LSG zusammengetragen und schrittweise im TB bzw. HE gesichert (vgl. TB IX → S. 20). Dabei kann auch die Grafik über die Strukturen der Verantwortungsethik mit einbezogen werden. Je nachdem, welches Modell der Normbegründung im Unterricht ausführlicher behandelt wurde, könnte es unter Umständen erforderlich sein, in diesem Zusammenhang die beiden zentralen Begriffe *deontologisch* und *teleologisch* noch einmal kurz zu erläutern.

Anwendung:

Um die neu erworbenen Erkenntnisse anzuwenden, erhalten die S zum Abschluss den Auftrag, in EA oder PA ein Streitgespräch zwischen einem Vertreter der Gesinnungsethik und einem Vertreter der Verantwortungsethik zu entwerfen. Im Zentrum des Streitgesprächs sollte die Frage stehen, mit welchem dieser beiden Modelle der Lebensalltag am besten bewältigt werden kann (vgl. den AA auf S. 27).

12. Wort Gottes und menschliche Erfahrung im Dekalog (S. 28/29)

Lernziele:

- sich grundlegende Erkenntnisse über den Dekalog aus früheren Jahrgangsstufen in Erinnerung rufen und über die entscheidende Zielsetzung dieser alttestamentlichen Weisungen reflektieren
- sich exemplarisch mit der zeitgemäßen Bedeutung der Weisungen des Dekalogs auseinandersetzen

Hinweise für den Unterrichtsverlauf:

Vorbereitung:

Sollte anstelle des abgedruckten Textauszuges aus dem Buch von Wilhelm Korff mit dem in M 6 (→ S. 25) vorliegenden alternativen Deutungsansatz von Bernhard G. Suttner gearbeitet werden, ist das Arbeitsblatt vor der Stunde in Klassenstärke zu kopieren.

Einstieg:

Am Anfang der Stunde steht eine ausführliche Betrachtung des auf S. 28 abgedruckten Bildes von Marc Chagall „Moses empfängt die Gesetzestafeln" aus dem Jahr 1966 (vgl. dazu den ersten AA auf S. 28). Dabei sollten besonders folgende Aspekte hervorgehoben werden:
- Der leuchtend gelbe Bildhintergrund signalisiert die positive Bedeutung des Geschehens (vgl. dazu das Fest *Simchat* Tora, das ebenfalls zum Ausdruck bringt, dass die Gebote bzw. Weisungen des Dekalogs im Judentum als etwas überaus Positives, nämlich als ein besonderes Geschenk Gottes wahrgenommen werden).
- Die Gebotstafeln stellen das entscheidende Bindeglied zwischen Gott und den Menschen dar; sie werden gleichsam zur Brücke zwischen Himmel und Erde.
- Moses nimmt die Gebote stellvertretend für die Menschen um ihn herum in Empfang. Ihm kommt dabei zwar eine zentrale Stellung zu, wie auch aus der Struktur des Bildes klar hervorgeht, die entscheidende Aktivität geht jedoch von Gott selbst aus. Vor diesem Hintergrund wird die besondere Rolle, die Jesus in der Bergpredigt einnimmt, umso deutlicher. Jesus ist von sich aus der Gebende, Lehrende, er spricht mit Vollmacht zu den Menschen. Zugleich tritt damit an die Stelle des geschriebenen Wortes das gesprochene Wort, das sich unmittelbar an die Anwesenden in ihrer konkreten Lebenssituation richtet (vgl. dazu auch die Anmerkungen zur Bildbetrachtung in der folgenden Stunde).

Zum Abschluss der Bildbetrachtung sollte noch einmal klar herausgestellt werden, dass Gott selbst es ist, der den Menschen diese Weisungen übermittelt. Die kurze Reflexion darüber, was das bedeuten könnte (vgl. den zweiten AA auf S. 28), leitet bereits zur Erarbeitungsphase über.

Erarbeitung:

In der Erarbeitungsphase wird zunächst im LSG der Einleitungssatz (Ex 20,2) thematisiert, dem für das Verständnis des Dekalogs eine zentrale Bedeutung zukommt. Das Zitat von Frank Crüsemann auf S. 28 fasst diese Bedeutung auf sehr einprägsame Weise zusammen.

Danach bearbeiten die S in PA oder in Kleingruppen den dritten und vierten AA auf S. 28. Auch an dieser Stelle geht es vor allem darum, das in früheren Jahrgangsstufen erworbene Wissen zu rekapitulieren. Die Ergebnisse werden im LSG ausgewertet und gesichert.

Vertiefung:

Zur Vertiefung sieht der Lehrplan vor, die zeitgemäße Bedeutung einzelner Gebote herauszustellen. Dazu lesen die S zunächst still für sich den Textauszug aus dem Buch „Wie kann der Mensch glücken?" von Wilhelm Korff, das sie bereits in der Vorstunde kennengelernt haben. In dem Textauszug geht es um die Aktualisierung des vierten Gebots, da die hier angesprochenen Probleme und Gesichtspunkte im dritten Kapitel noch einmal explizit aufgegriffen werden. Nachdem die grundlegenden Aussagen des Textes im LSG geklärt wurden, erhalten die S den Auftrag, in einer kurzen Gruppenarbeitsphase einen Forderungskatalog zu erstellen, der die Intention dieses Gebots für die heutige Zeit konkretisiert (vgl. den ersten AA auf S. 29). Die Ergebnisse werden im Plenum zusammengetragen und besprochen. Der letzte AA auf S. 29 könnte auch als Impuls für die HA dienen.

Alternativ könnte hier der Textauszug von Bernhard G. Suttner zum Einsatz kommen (vgl. M 6), der unter ökologischer Perspektive einen ganz anderen Vorschlag zur Aktualisierung des vierten Gebots vorlegt. Die Vorgehensweise ist in diesem Fall der eben beschriebenen analog.

Denkbar wäre auch, beide Texte arbeitsteilig bearbeiten zu lassen; im Anschluss an die Präsentation der Ergebnisse nehmen die S Stellung zur Frage, welche Aktualisierung ihnen überzeugender erscheint.

13. Orientierung an Bibel und kirchlicher Tradition (S. 30/31)

Lernziele:

- anhand einiger ausgewählter Textstellen und unter Rückgriff auf früher erworbenes Wissen über die Bergpredigt das neutestamentliche Ethos in seinen Grundzügen erschließen
- sich bewusst werden, dass dem neutestamentlichen Ethos eine Neuinterpretation alttestamentlicher Weisungen durch Jesus zugrunde liegt, die als Radikalisierung gedeutet werden kann

Hinweise für den Unterrichtsverlauf:

Einstieg:

Auch diese Stunde wird analog zur Vorstunde mit einer Bildbetrachtung eröffnet (vgl. dazu den ersten AA auf S. 30), einer Darstellung der Bergpredigt Jesu. Im Vergleich mit dem Bild Marc Chagalls (vgl. die Anmerkungen zu S. 28) geht es hier vor allem darum, herauszuarbeiten, dass Jesus zwar auf den ersten Blick eine ähnliche zentrale Position einnimmt wie Moses bei

I. Ethische Kompetenz aus christlicher Sicht: Orientierung im Wertepluralismus 13

der Übergabe des Dekalogs, dass er jedoch – anders als Moses – nicht der Empfangende ist, sondern vielmehr aus eigener Autorität lehrt. Der direkte Vergleich der beiden Bilder macht offenbar, dass Jesus mit seiner Verkündigung an die Stelle Gottes tritt. Er ist nicht nur der neue Moses – der situative Rahmen der Bergpredigt spielt ja ganz bewusst auf die Szenerie am Berg Sinai an –, sondern er überbietet Moses sogar noch, indem er die überlieferten Weisungen der Tora mit Vollmacht neu auslegt. Auf diese besondere Rolle verweist auch der Redegestus Jesu („Ich aber sage euch …"). Die Neuinterpretation Jesu darf jedoch keinesfalls als Widerspruch zur Tora aufgefasst werden, weshalb auch nicht von „Antithesen" gesprochen werden sollte; vielmehr geht es darum, die Weisungen der Tora „zu erfüllen", d.h. ihnen vollkommene Geltung zu verschaffen (vgl. Mt 5,17–19).

Die Bildbetrachtung greift damit bereits wesentliche Erkenntnisse über den Stellenwert der Bergpredigt auf und leitet so unmittelbar zur Erarbeitungsphase über.

Erarbeitung:

In dieser Phase rekapitulieren die S zunächst, was sie in der 10. Jahrgangsstufe über die Bergpredigt gelernt haben, und beziehen dabei auch die Grafik auf S. 30 mit ein (vgl. den zweiten AA auf S. 30).

In einem zweiten Schritt erschließen sie anhand einer Textarbeit zu Mt 5,43–48 sowie zu Mk 12,28–32 das neutestamentliche Ethos in seinen Grundzügen (vgl. die beiden ersten AA auf S. 31). Die Ergebnisse werden im Plenum zusammengetragen und im TB bzw. HE gesichert (vgl. **TB X** → S. 20).

Dabei sollte vor allem deutlich werden, dass die Neuinterpretation der alttestamentlichen Weisungen im Neuen Testament durch die Konzentration auf das Gebot der Nächstenliebe als *Radikalisierung*, *Verinnerlichung* und *Zentrierung* der alttestamentlichen Gebote aufgefasst werden kann. Entscheidend ist die innere Haltung, die dem menschlichen Handeln zugrunde liegt. Wird diese von einer „radikalen" Zuwendung zum Mitmenschen bestimmt, erübrigen sich alle weiteren ethischen Konkretisierungen, wie sie im alttestamentlichen Ethos vorliegen (vgl. dazu auch die nachfolgende Vertiefung, die diesen Aspekt noch einmal mit den Worten des Augustinus zum Ausdruck bringt).

Vertiefung:

Zur Vertiefung dient das bekannte Zitat „Ama et fac, quod vis" (Liebe und dann tue, was du willst) von Augustinus. Die S kommentieren dieses Zitat vor dem Hintergrund der erarbeiteten Erkenntnisse (vgl. den dritten AA auf S. 31).

Anwendung:

Die beiden letzten AA auf S. 31 stellen einen Bezug zu den zuvor erarbeiteten Grundtypen ethischer Argumentation her und dienen damit zugleich der immanenten Lernzielkontrolle. Im LSG sollte herausgestellt werden, dass das neutestamentliche Ethos am ehesten dem Modell der Verantwortungsethik zugerechnet werden kann, da der Mensch hier immer wieder neu entscheiden muss, wie er dem Gebot der Nächstenliebe in einer konkreten Situation am besten gerecht wird. Jede Situation muss damit als Appell an das Gewissen des Einzelnen verstanden werden. Mit den Worten von Viktor E. Frankl: „In einem Zeitalter, in dem die Zehn Gebote für so viele ihre Geltung zu verlieren scheinen, muss der Mensch instand gesetzt werden, die 10 000 Gebote zu vernehmen, die in den 10 000 Situationen verschlüsselt sind, mit denen ihn sein Leben konfrontiert" (vgl. *Leben gestalten 11*, S. 149).

14. Orientierung an Bibel und kirchlicher Tradition (S. 32/33)

Lernziele:

– erkennen, dass in der christlichen Ethik Bibel und kirchliche Tradition unmittelbar aufeinander bezogen sind
– einen Überblick gewinnen über die ethischen Quellen, die in der katholischen Moraltheologie eine Rolle spielen, und über deren Vorzüge und Grenzen im ethischen Entscheidungsprozess reflektieren

Hinweise für den Unterrichtsverlauf:

Einstieg:

Anhand eines konkreten Beispiels aus dem Bereich der Biotechnik, das den S bereits aus der 10. Jahrgangsstufe vertraut sein dürfte und das ggf. durch die Auseinandersetzung mit der Naturrechtsethik im Rahmen des vorliegenden Kapitels schon einmal aufgegriffen wurde (vgl. S. 14/15), diskutieren die S mögliche Gesichtspunkte und nehmen eine ethische Bewertung der beschriebenen Vorgehensweise vor. Die Diskussion leitet unmittelbar zur Erarbeitungsphase über.

Erarbeitung:

In der Erarbeitungsphase setzen die S entweder in PA oder in Kleingruppen die Ergebnisse ihrer Diskussion zu dem Standpunkt in Beziehung, den die Glaubenskongregation 2008 in ihrer Instruktion „*Dignitas personae*" zu dieser Frage eingenommen hat (vgl. den zweiten AA auf S. 32). Darüber hinaus werden in dem auf S. 32 abgedruckten Textauszug alle Quellen angesprochen, die in der katholischen Moraltheologie im ethischen Entscheidungsprozess eine Rolle spielen. Dies sollte auch bei der Sicherung der Ergebnisse klar herausgestellt werden, wobei der Lehrtext sowie die Grafik von S. 33 direkt mit einbezogen werden können.

Anwendung:

Die beiden AA auf S. 33 sollen den S die Möglichkeit geben, ihre neu erworbenen Kenntnisse unmittelbar anzuwenden. Wenn aus Zeitgründen auf die Rechercheaufgabe verzichtet werden muss, so sollte doch auf jeden Fall eine kurze Abschlussdiskussion über Chancen und Grenzen der kirchlichen Normbegründung geführt werden. Dabei sollte vor allem darauf abgehoben werden, dass gerade das Zusammenwirken der beiden materialen Quellen ein hohes Maß an Flexibilität garantiert, ohne dass dadurch die grundlegende Wertorientierung, wie sie sich aus der Offenbarung ergibt, aufgegeben würde. In diesem doppelten Ansatz spiegelt sich zugleich noch einmal die Komplexität des Modells der Verantwortungsethik wider. Ein mögliches Problem könnte darin bestehen, dass das Lehramt unter Umständen nicht immer mit den wissenschaftlichen Entwicklungen Schritt halten kann, sodass es zumindest zeitweise auch zu Spannungen zwischen den normativen Vorgaben des Lehramts und der Lebenswirklichkeit der Gläubigen kommen kann; in solchen Situationen kommt dann der Gewissensentscheidung des Einzelnen eine umso größere Bedeutung zu (vgl. zum Beispiel die Auseinandersetzungen im Anschluss an die Veröffentlichung der Enzyklika „Humanae vitae"). Gerade der Transfer grundlegender biblischer Wertorientierungen in die aktuelle Lebenswelt setzt also ein hohes Maß an Fachkompetenz bei den Dialogpartnern voraus, aber auch die Bereitschaft, getroffene Entscheidungen immer wieder kritisch zu überprüfen und ggf. zu revidieren.

15. Orientierung an Bibel und kirchlicher Tradition (S. 34/35)

Lernziel:

– sich der zentralen Rolle des Gewissens als letztverbindlicher Instanz im Kontext der christlichen Ethik bewusst werden

Hinweise für den Unterrichtsverlauf:

Vorbereitung:

Ist geplant, M 7 (→ S. 26 f.) wie hier vorgeschlagen zur Ergebnissicherung einzusetzen, so ist das Arbeitsblatt vor der Stunde in Klassenstärke zu kopieren.

Einstieg:

L trägt den ersten Teil der auf S. 34 abgedruckten jüdischen Legende am besten laut vor, um auszuschließen, dass die S zu rasch weiterlesen. Danach werden im Plenum die beiden Handlungsalternativen diskutiert, bevor die S eine erste Bewertung der Entscheidung Rabbi Josuas vornehmen.

Erarbeitung:

Im Anschluss an dieses Unterrichtsgespräch lesen die S still für sich die Fortsetzung der Legende auf S. 35 und bearbeiten dazu den ersten AA. Die Ergebnisse werden im Plenum besprochen und im TB bzw. HE gesichert (vgl. TB XI → S. 21).

Vertiefung:

In der Vertiefungsphase setzen sich die S in PA mit den beiden Textauszügen aus Röm 2,14f. sowie aus „Gaudium et spes" (Art. 16) auseinander (vgl. den zweiten AA auf S. 35). Die Ergebnisse werden im LSG besprochen und durch eine Ergänzung im TB bzw. HE gesichert (vgl. nochmals TB XI).

Anwendung:

Mit dem letzten AA auf S. 35 erhalten die S die Möglichkeit, die Erkenntnisse dieser Unterrichtsstunde noch einmal unmittelbar anzuwenden.

Es empfiehlt sich, zur Ergebnissicherung zusätzlich M 7 (ggf. auch als HA) einzusetzen, zumal der Textauszug noch einmal viele Themen und Fragestellungen berührt, die im Laufe dieses Kapitels eine Rolle gespielt haben.

16. „Wenn Gott tot ist, ist dann alles erlaubt?" (S. 36/37)

Lernziele:

– über die Bedeutung des Gottesbezugs als Grundlage der ethischen Letztbegründung reflektieren
– sich vor diesem Hintergrund mit der Frage auseinandersetzen, inwiefern der Gottesbezug einen Beitrag zur gesellschaftlichen Konsensbildung leisten kann

Hinweise für den Unterrichtsverlauf:

Vorbereitung:

Falls der Briefauszug von Helmuth James von Moltke (vgl. M 8 → S. 28) oder der Textauszug aus den Erinnerungen von Carlo Schmid (vgl. M 9 → S. 29) in den Unterricht mit einbezogen werden sollen, so sind diese beiden Texte vor der Stunde in Klassenstärke zu kopieren oder als Textimpulse auf Folie zu brennen. Das gilt auch für den Segensspruch von Hanns Dieter Hüsch (vgl. M 10 → S. 30), mit dem das gesamte Kapitel abgeschlossen werden kann.

Einstieg:

Ausgangspunkt für diese Stunde sind zwei Statements von Paul Kirchhof und Annette Schavan über die Bedeutung der Religion in ihrem Leben. Beide stellen dabei unabhängig voneinander heraus, dass ihr Handeln als Jurist bzw. als Politikerin entscheidend vom

I. Ethische Kompetenz aus christlicher Sicht: Orientierung im Wertepluralismus

Bewusstsein geprägt wird, dass dem Menschen durch die Beziehung zu Gott eine besondere Verantwortlichkeit zukommt. Nachdem die beiden Statements im UG erschlossen wurden (vgl. den ersten AA auf S. 36), bearbeiten die S für sich den zweiten AA auf dieser Seite.

Sollte für diesen wichtigen Abschluss des ersten Kapitels eine Doppelstunde zur Verfügung stehen, bietet sich folgende Vorgehensweise an: Die fertigen Statements werden eingesammelt und in der Klasse neu verteilt, sodass jedem S das Statement eines Mitschülers vorliegt. Einige der Statements werden von den S, die sie gerade in Händen haben, laut vorgelesen. Es folgt ein kurzes Auswertungsgespräch, wobei strikt darauf geachtet werden sollte, dass die Statements nicht inhaltlich bewertet werden, sondern dass lediglich ganz sachlich der jeweilige Standpunkt bestimmt wird, um mögliche Optionen sichtbar zu machen. Danach schreiben die S eine persönliche Stellungnahme zu den ihnen vorliegenden Statements; dieser schriftliche Dialog stellt eine gute Möglichkeit dar, im Dialog mit dem Anderen die eigene Position bezüglich des Stellenwerts des Glaubens für das eigene Handeln nochmals zu überdenken. Danach werden die Blätter erneut eingesammelt und so ausgelegt, dass jeder S am Ende der Stunde sein Statement – mit dem Kommentar des Mitschülers – wieder an sich nehmen kann.

Ist dieser sehr intensive, aber auch zeitaufwendige schriftliche Gedankenaustausch nicht möglich, schließt sich die Erarbeitungsphase direkt an die im zweiten AA geforderte persönliche Stellungnahme an.

Erarbeitung:

In der Erarbeitungsphase setzen sich die S mit der Rolle auseinander, die der Gottesbezug in der Präambel unseres Grundgesetzes vor dem Hintergrund der Erfahrungen mit dem Nationalsozialismus spielt. Dieser Zusammenhang wird auf exemplarische Weise anhand der Konfrontation zwischen Helmuth James von Moltke und Roland Freisler vor dem Volksgerichtshof erschlossen; hier könnte ergänzend zu den Zitaten im Schulbuch auch M 8 herangezogen werden, wo die einschlägige Passage aus dem Brief, in dem Helmuth James von Moltke seine Eindrücke von der Verhandlung vor dem Volksgerichtshof ausführlich schildert, im Zusammenhang vorliegt. Tatsächlich war dies auch der zentrale Punkt in der Anklageschrift gegen Moltke, wo ihm primär folgender Vorwurf gemacht wurde: „An die Stelle des die Volksgemeinschaft tragenden NS [Nationalsozialismus] hätten die christlichen Kirchen beider Konfessionen als das politische Zeitgeschehen überdauernde Ordnungselemente zu treten." (zitiert nach: Helmuth James und Freya von Moltke, Abschiedsbriefe Gefängnis Tegel. September 1944–Januar 1945, C. H. Beck Verlag, München 2011, S. 352.) Moltke selbst kommentierte das in dem Brief an seine Frau vom 10. Januar 1945 – dem Tag der Verhandlung – mit den Worten: „Letzten Endes entspricht diese Zuspitzung auf das kirchliche Gebiet dem inneren Sachverhalt und zeigt, dass F. [Freisler] eben doch ein guter politischer Richter ist. Das hat den ungeheuren Vorteil, als wir nun für etwas umgebracht werden, was wir a. getan haben und was b. sich lohnt. [...] Und dann bleibt übrig ein Gedanke: Womit kann im Chaos das Christentum ein Rettungsanker sein?" (ebd., S. 473 f.).

Alternativ zu M 8 (ggf. auch ergänzend) lesen die S den Lehrtext auf S. 36/37 und überlegen im Anschluss daran im LSG, warum gerade ein Überlebender dieses Kreises wie Carlo Schmid besonderen Wert darauf legte, dass der Gottesbezug in die Präambel des Grundgesetzes aufgenommen wird. In seinen Lebenserinnerungen schildert Carlo Schmid, wie es ihm gelang, während des Krieges eine Geiselerschießung zu verhindern, indem er den verantwortlichen General mit folgenden Worten ansprach: „Herr General, Sie sind getaufter Christ, Sie kennen die Zehn Gebote. Sie wissen, dass es Sünde ist, was Sie zu tun beabsichtigen." (Carlo Schmid, Erinnerungen, Bern – München – Wien 1979, S. 186). Für die im Kreisauer Kreis zusammengeschlossenen Widerstandskämpfer war das Bekenntnis zum Christentum das einzige wirksame Gegengewicht zur Ideologie des Nationalsozialismus. Die christliche Ethik ist ihrer Auffassung nach entscheidende Grundlage sowohl für die Glaubens- und Gewissensfreiheit als auch für die Anerkennung der unverletzlichen Würde der menschlichen Person.

Seinen Standpunkt beim Verfassungskonvent in Herrenchiemsee fasst Carlo Schmid in seinen Lebenserinnerungen folgendermaßen zusammen: „Der Staat soll nicht alles tun können, was ihm gerade bequem ist; der Mensch müsse Rechte haben, über die auch der Gesetzgeber nicht verfügen kann" (ebd., S. 361; vgl. dazu auch den in M 9 vorliegenden Textauszug).

Im LSG sollte also besonders herausgearbeitet werden, dass der Gottesbezug eine Chance darstellt zu dokumentieren, dass grundlegende Werte wie die unverletzliche Würde der menschlichen Person nicht zur Disposition stehen, um sie vor jeder politischen Manipulation zu sichern (dabei könnte ggf. auch nochmals auf die bereits in Zusammenhang mit dem Rechtspositivismus angesprochene Problematik zurückgegriffen werden, vgl. S. 18/19). Dem kann sich unter Einbeziehung von M 9 direkt die Diskussion über die Frage anschließen, auf welche Weise der Gottesbezug dazu beitragen kann, zu einem gesellschaftlichen Konsens in ethischen Fragen zu gelangen (vgl. den zweiten AA auf S. 37).

Anwendung:

Um die in dieser Stunde gewonnenen Erkenntnisse noch einmal anzuwenden, nehmen die S abschließend zu den auf S. 37 zitierten Aussagen von Ernst-Wolfgang Böckenförde und Hans-Jürgen Papier einen begründeten Standpunkt ein (vgl. den ersten AA auf S. 37, der evtl. auch als HA gestellt werden kann).

Abrundung der gesamten Unterrichtseinheit:
Der „Segen zum Frieden" von Hanns Dieter Hüsch (vgl. M 10) stellt eine Möglichkeit dar, wichtige Perspektiven des ersten Kapitels noch einmal abschließend zu reflektieren. Er rundet dieses Kapitel zugleich auf sehr persönliche Weise ab.

I. Ethische Kompetenz aus christlicher Sicht: Orientierung im Wertepluralismus

Tafelbild I (zu S. 10/11)

Chancen und Grenzen des Normenwandels

Chancen des Normenwandels:
- bessere Anpassung an veränderte Lebensumstände
- größere Effizienz der Normen
- größere Flexibilität in Bezug auf mögliche Handlungsoptionen
- ...

Grenzen des Normenwandels:
- Werte als bleibende Maßstäbe zur Orientierung für das menschliche Handeln („Sollensanspruch")
- größere Verhaltenssicherheit durch Verbindlichkeit von Normen
- ...

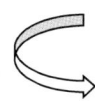

<u>Oberste Zielsetzung der Normen:</u>
Mithilfe der Normen werden die Werte im alltäglichen Leben umgesetzt.
Dies dient sowohl
  ➪ der *Entlastung* des Einzelnen im Entscheidungsprozess
  ➪ als auch dem *Schutz* und der *Sicherheit* im Zusammenleben.

Tafelbild II (zu S. 12/13)

Der Hedonismus als Modell der Normbegründung

<u>Oberste Zielsetzung:</u> „ein glückliches Leben", d. h. ein Maximum an Lebensfreude
(deshalb Zuordnung zum *Eudämonismus*)

Optimum an Lust, d. h.
➢ Unabhängigkeit von äußeren Dingen
➢ Erhalt des inneren Seelenfriedens
➢ Stillung von Grundbedürfnissen wie Hunger und Durst, Schutz vor Kälte

Vermeidung von Unlust, d. h.
➢ Überwindung der Gottesfurcht
➢ Überwindung der Angst vor dem Tod
➢ Kontrolle menschlicher Begierden

Tafelbild III (zu S. 14/15)

Das naturrechtliche Modell der Normbegründung

<u>Oberste Zielsetzung:</u> Förderung des „Allgemeinwohls" *(bonum commune)* durch Vermeidung des Bösen und Verwirklichung des Guten

Philosophie der Antike:  Weiterentwicklung im Christentum durch Thomas von Aquin:

Vorstellung von einer umfassenden Ordnung des Kosmos, die jedem Seienden seinen Platz zuweist, wie es seiner Wesensart (also seiner „Natur" bzw. seiner Gattung) entspricht.

Schöpfungsplan Gottes als Fundament einer umfassenden Ordnung der Dinge, die alle Vorgänge in Natur und Geschichte einschließt und als sinnvoll erscheinen lässt.

Aufgabe des Menschen ist es, diese Ordnung mithilfe seiner Vernunft zu erfassen und durch sein Handeln aktiv zu fördern und zu gestalten.

Aufgabe des Menschen ist es, das Gute zu tun, indem er dieses „ewige Gesetz" Gottes (= natürliches Sittengesetz) zur Grundlage seines Handelns macht.

Tafelbild IV (zu S. 16/17)

Die Pflichtethik als Modell der Normbegründung

<u>Oberste Zielsetzung:</u> Selbstbehauptung des Menschen als *Wesen der Vernunft*, das zum *autonomen Handeln* befähigt und berufen ist

Der Mensch ist aufgerufen, in seinem praktischen Handeln immer nur seiner *inneren Überzeugung* zu folgen (= *„guter Wille"*), da er nur so dem Anspruch gerecht werden kann, als sein eigener Gesetzgeber zu fungieren.

Die daraus abgeleiteten *Pflichten* gelten damit als oberste Handlungsprinzipien, denen ohne Rücksicht auf mögliche Konsequenzen unbedingt und uneingeschränkt Folge zu leisten ist (vgl. *Kategorischer Imperativ*).

Tafelbild V (zu S. 18/19)

Der Rechtspositivismus als Modell der Normbegründung

<u>Oberste Zielsetzung:</u> Aufrechterhaltung der staatlichen Ordnung, deren Rechtsgrundlagen uneingeschränkt Geltung zu verschaffen ist

Gegenstand des Rechts ist nicht die Gerechtigkeit, sondern das, was von Staats wegen als Recht erkannt und verordnet wird („Trennungsthese").
Ausgangspunkt des Handelns sind also klar definierte gesetzliche Regelungen (sog. *„positives Recht"*), die unbedingt zu befolgen sind.

Problematisch wird das immer dann, wenn diese gesetzlichen Regelungen moralisch betrachtet als schwerwiegendes Unrecht angesehen werden müssen. In diesem Fall gilt es dann im Sinne der sog. *Radbruch'schen Formel*, gegen das „gesetzliche Unrecht" Widerstand zu leisten.

I. Ethische Kompetenz aus christlicher Sicht: Orientierung im Wertepluralismus

Tafelbild VI (zu S. 20/21)

Der Utilitarismus als Modell der Normbegründung

<u>Oberste Zielsetzung:</u> Oberste Maßgabe des Handelns ist „das größtmögliche Glück für die größtmögliche Zahl von Menschen" (Glück = Lust bzw. Freisein von Unlust)

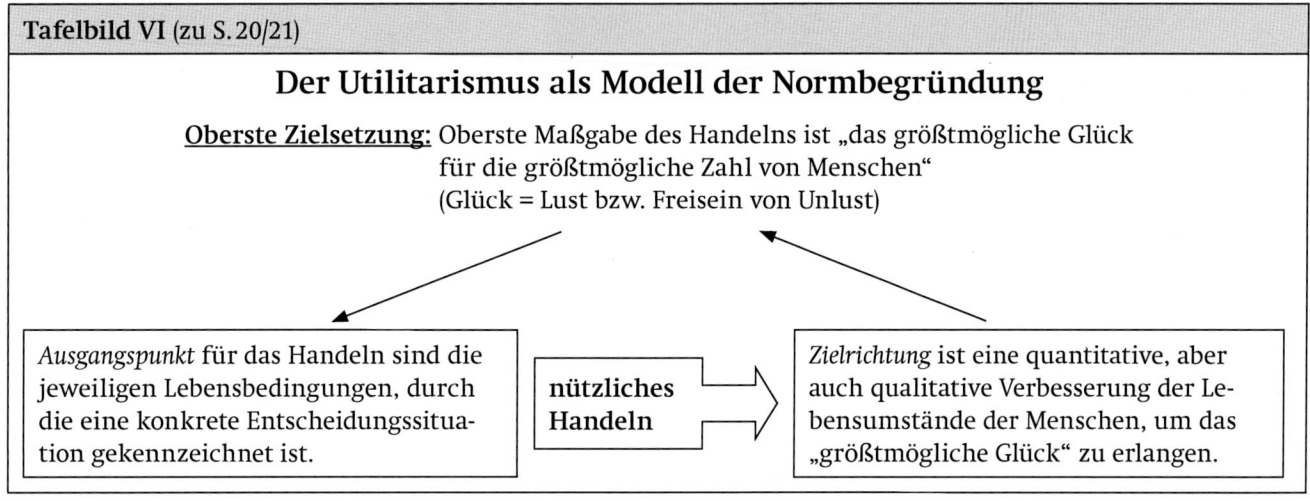

Ausgangspunkt für das Handeln sind die jeweiligen Lebensbedingungen, durch die eine konkrete Entscheidungssituation gekennzeichnet ist.

nützliches Handeln →

Zielrichtung ist eine quantitative, aber auch qualitative Verbesserung der Lebensumstände der Menschen, um das „größtmögliche Glück" zu erlangen.

Tafelbild VII (zu S. 22/23)

Die Ethik der Verantwortung nach Hans Jonas als Modell der Normbegründung

<u>Oberste Zielsetzung:</u> Bewahrung der Schöpfung als Lebensraum für Menschen und Tiere (Mensch als „Wächter der Schöpfung")

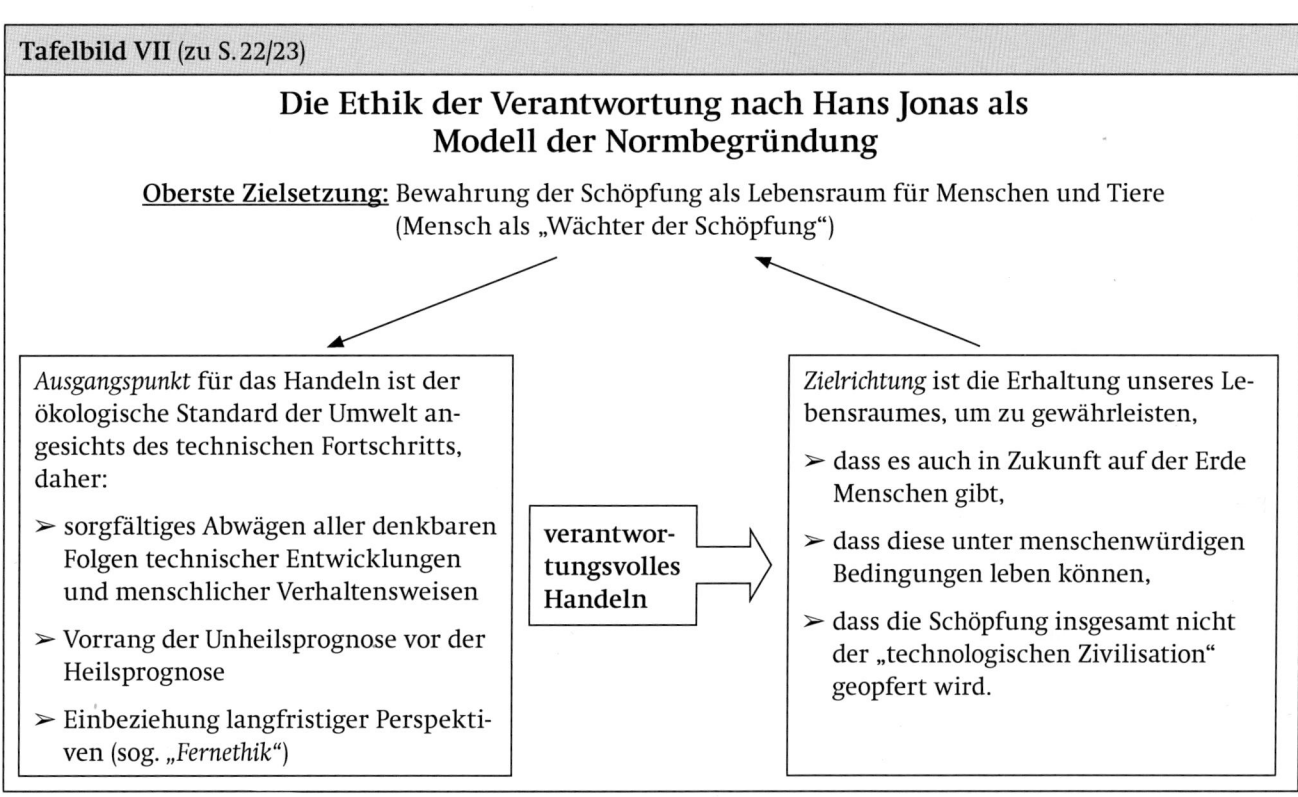

Ausgangspunkt für das Handeln ist der ökologische Standard der Umwelt angesichts des technischen Fortschritts, daher:

- sorgfältiges Abwägen aller denkbaren Folgen technischer Entwicklungen und menschlicher Verhaltensweisen
- Vorrang der Unheilsprognose vor der Heilsprognose
- Einbeziehung langfristiger Perspektiven (sog. „Fernethik")

verantwortungsvolles Handeln →

Zielrichtung ist die Erhaltung unseres Lebensraumes, um zu gewährleisten,

- dass es auch in Zukunft auf der Erde Menschen gibt,
- dass diese unter menschenwürdigen Bedingungen leben können,
- dass die Schöpfung insgesamt nicht der „technologischen Zivilisation" geopfert wird.

Tafelbild VIII (zu S. 24/25)

Die Diskursethik als Modell der Normbegründung

Oberste Zielsetzung: Vermeidung von Wertekonflikten und Gewährleistung eines friedlichen Zusammenlebens im Zeitalter des Pluralismus

Vorgehensweise:

Verständigung über die ethischen Normen,
die von allen Beteiligten zu beachten sind,
in Form eines ergebnisoffenen, fairen Gesprächs,
an dem alle in gleicher Weise beteiligt sind
(„ideale Sprechsituation").

Konsens

Tafelbild IX (zu S. 26/27)

Gesinnungsethik und Verantwortungsethik

(nach Wilhelm Korff: Wie kann der Mensch glücken?)

Gesinnungsethik:		Verantwortungsethik:
– Ziel: Festigung der ethischen Grundhaltung der Pflicht – Verabsolutierung des *deontologischen* Ansatzes („Lauterkeit der Gesinnung") – Problem: Ausblendung der realen Gegebenheiten („ethischer Utopismus")		– Ziel: tragfähiger Neuansatz für eine politische Ethik – Einbeziehung *teleologischer* Gesichtspunkte („Grundhaltung der Klugheit") – Vorteil: Ausrichtung an den realen Gegebenheiten („moralischer Realitätssinn")

Tafelbild X (zu S. 30/31)

Radikalisierung und Neuinterpretation alttestamentlicher Weisungen im Neuen Testament

Alttestamentliches Ethos:		Neutestamentliches Ethos:
– Weisungen der Tora als Ausdruck der besonderen Beziehung zwischen Gott und Mensch – Zielrichtung ist ein Leben in Freiheit und Würde – Konkretisierungen wie zum Beispiel im Dekalog bilden einen Zaun um die Tora, um die Einhaltung der Weisungen in den verschiedenen Lebenssituationen zu gewährleisten		– Weisungen der Tora als Ausdruck der besonderen Beziehung zwischen Gott und Mensch – Zielrichtung ist ein Leben in Freiheit und Würde – Ethos der Nächstenliebe als Wurzel (lat. *radix*) sittlich guten Handelns; diese *Radikalisierung, Verinnerlichung* und *Zentrierung* der Gebote macht weitere Konkretisierungen überflüssig

Tafelbild IX (zu S. 34/35)

Die Rolle des Gewissens als letztverbindliche Instanz

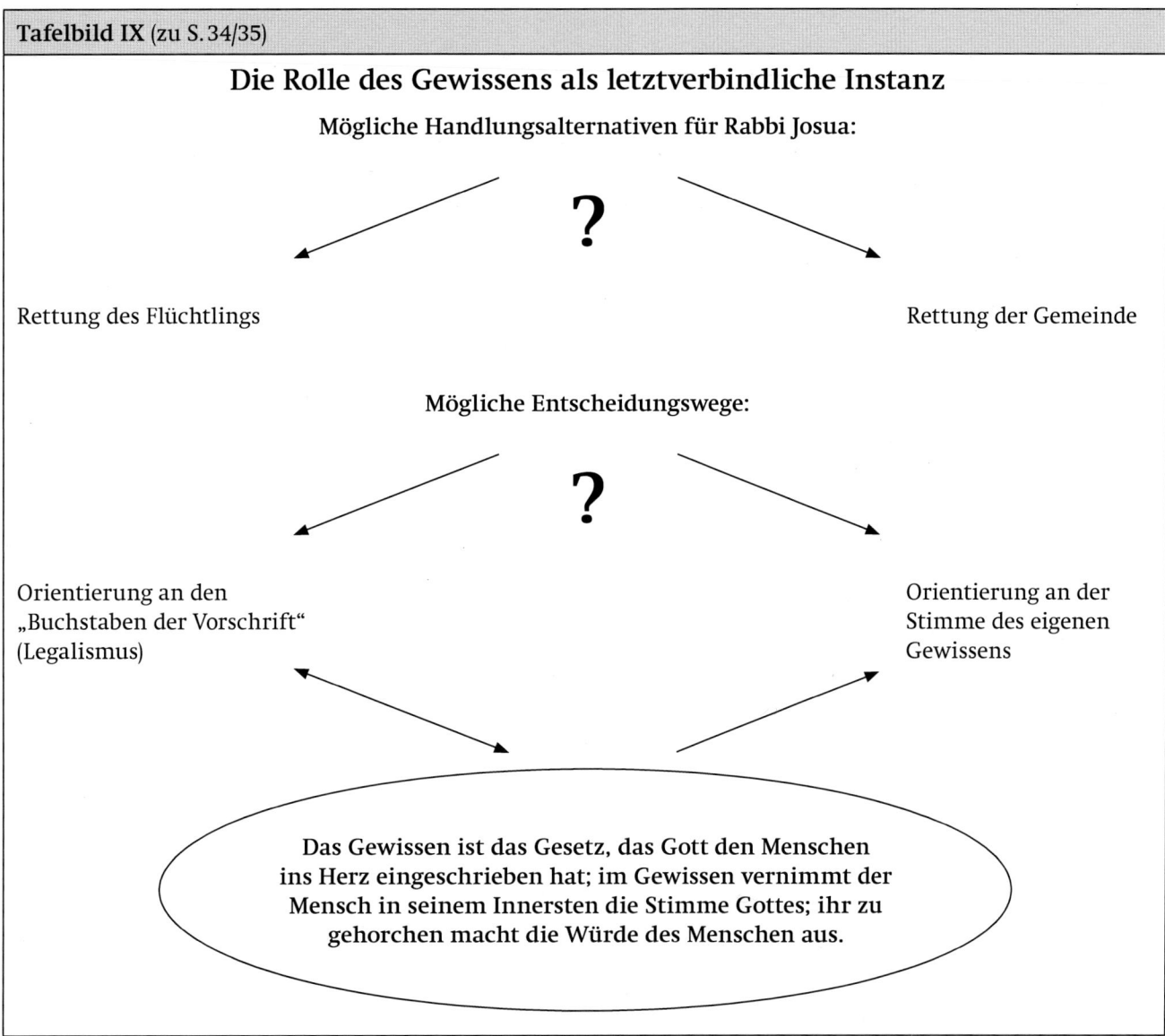

Karikatur zur Funktion von Normen

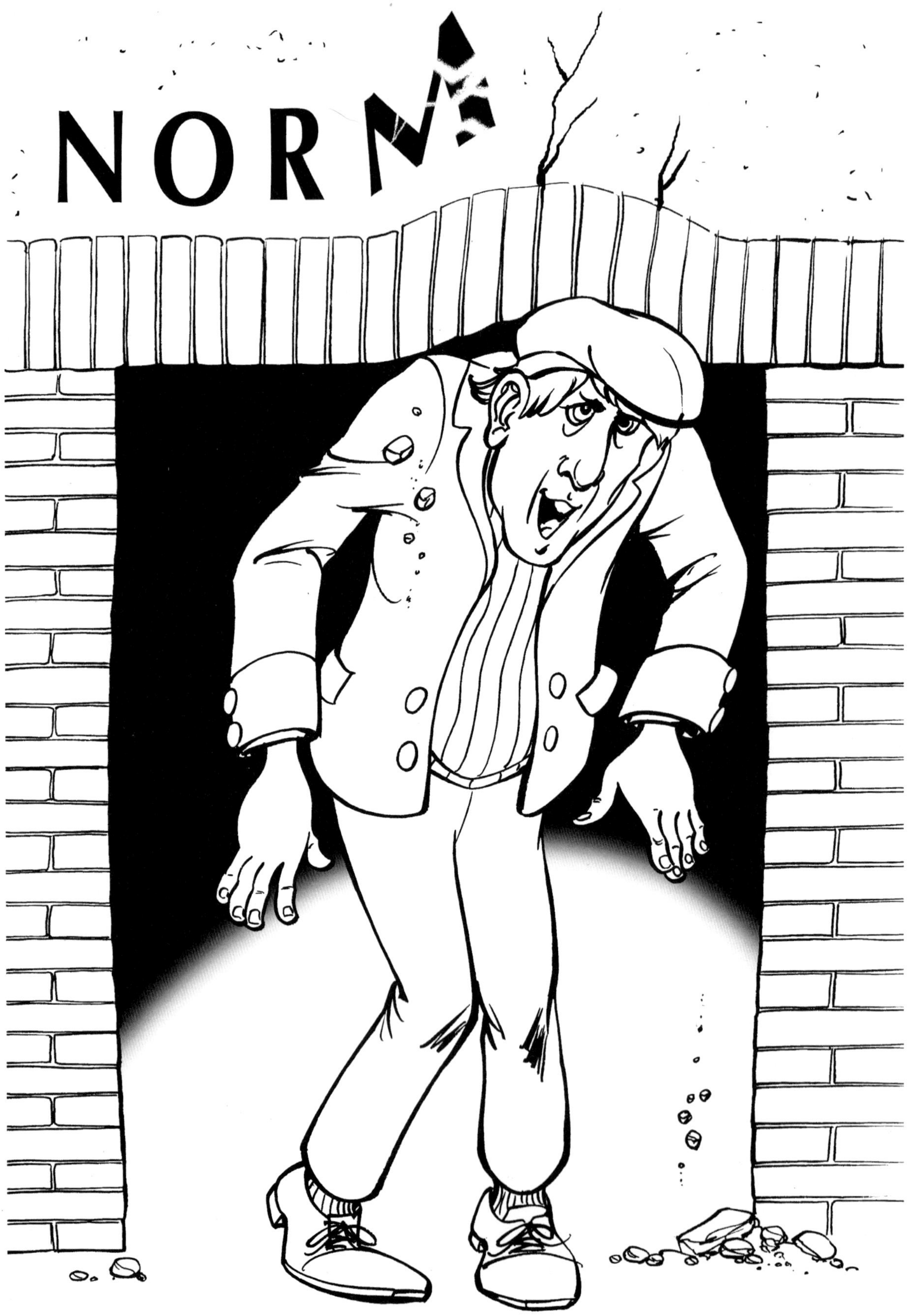

M 2

Textauszug aus der Tragödie „Antigone" von Sophokles

Nachdem Antigone bei dem Versuch überrascht wurde, ihren Bruder Polyneikes entgegen der ausdrücklichen Anweisung König Kreons heimlich zu bestatten, kommt es zu folgender Auseinandersetzung zwischen ihr und dem König:

KREON (zu Antigone): Dich frag ich nun, du senkst den Blick zu Boden:
Gestehst du oder leugnest du die Tat?
ANTIGONE: Ich sage, dass ich's tat, und leugne nicht.
KREON: [...] Du aber sag mir – ohne Umschweif, kurz:
Hast du gewusst, dass es verboten war?
ANTIGONE: Ich wusst' es, allerdings, es war doch klar!
KREON: Und wagtest, mein Gesetz zu übertreten?
ANTIGONE: Der das verkündete, war ja nicht Zeus,
Auch Dike in der Totengötter Rat
Gab solch Gesetz den Menschen nie. So groß
Schien dein Befehl mir nicht, der sterbliche,
Dass er die ungeschriebnen Gottgebote,
Die wandellosen, konnte übertreffen.
Sie stammen nicht von heute oder gestern,
Sie leben immer, keiner weiß, seit wann.
An ihnen wollt' ich nicht, weil Menschenstolz
Mich schreckte, schuldig werden vor den Göttern.
Und sterben muss ich doch, das wusste ich
Auch ohne deinen Machtspruch. Sterbe ich
Vor meiner Zeit, nenn ich es noch Gewinn.
Wes Leben voller Unheil ist, wie meines,
Trägt der nicht, wenn er stirbt, Gewinn davon?
Drum schmerzt mich nicht, dass sich mein Schicksal nun
Erfüllt. Ja, hätt' ich meiner Mutter Sohn,
Den Toten, unbestattet liegen lassen,
Das schmerzte mich, doch dies tut mir nicht weh.
Mag ich dir nun auch eine Törin scheinen –
Vielleicht zeiht mich der Torheit nur ein Tor.
CHOR: Des Vaters trotzige Art verrät das Kind,
Dem Unglück sich zu beugen weiß sie nicht.
KREON: So merke dir: Der allzu starre Sinn
Zerbricht am ehsten, und der stärkste Stahl,
Wenn man ihn überhart im Feuer glühte,
Zersplittert und zerspringt zuallererst.
Ich weiß, mit kleinem Zügel bändigt man
Die wilden Rosse. Überheblichkeit
Ist nicht am Platz, wo man gehorchen muss.
Die war im Frevelmut schon Meisterin,
Als sie erlassene Gesetze brach.
Und ihrem ersten Frevel folgt der zweite:
Hohnlachend prahlt sie noch mit ihrer Tat.
Wenn sie sich ungestraft das leisten darf,
Bin ich kein Mann mehr, dann ist sie der Mann!

aus: Sophokles, Antigone, Übers. von Wilhelm Kuchenmüller, S. 22 f. © Reclam Verlag, Stuttgart 1973

Arbeitsaufträge

1. Arbeiten Sie die beiden rechtlichen Positionen heraus, die sich hier gegenüberstehen.

2. Wägen Sie mögliche Vor- und Nachteile dieser beiden Positionen gegeneinander ab.

M 3

„Polit-Barometer"

	JA! (grün)	NEIN! (rot)
1. Sollte bei uns in Deutschland ein Mindestlohn verpflichtend eingeführt werden?		
2. Sollten die Sozialleistungen des Staates grundsätzlich erhöht werden?		
3. Sollte es bei uns nur ein Krankenkassensystem mit einheitlichem Grundbetrag für alle geben?		
4. Sollte es für alle Familien mit Kindern einen Rechtsanspruch auf einen kostenlosen Kindergartenplatz geben?		
5. Sollte an die Stelle der bisherigen Wehrpflicht ein allgemeiner sozialer Dienst für Männer und Frauen treten?		

M 4

Textimpuls: Zitat von Hans Jonas

„Der Mensch ist das einzige uns bekannte Wesen, das Verantwortung haben kann. Indem er sie haben kann, hat er sie."

(Hans Jonas)

M 5

Zwei Thesen zur Religionsfreiheit

Erste These:
Der Religionsfreiheit kommt eine zentrale Rolle im Kontext der Menschenrechte zu. Deshalb ist sie auch dann zu respektieren, wenn es dadurch zu Konflikten mit anderen Menschenrechten (etwa in Bezug auf die Gleichberechtigung von Mann und Frau) kommen sollte.

Zweite These:
Im Interesse eines universalen, weltweiten Geltungsanspruchs sind die Menschenrechte auch dann einzufordern, wenn es dadurch zu Konflikten mit bestimmten religiösen Traditionen und damit letztlich mit der Forderung nach Religionsfreiheit kommt.

M 6

Bernhard G. Suttner, Die 10 Gebote. Eine Ethik für den Alltag im 21. Jahrhundert

1 Ursache des Lebens, Lebensvoraussetzung, Kräfte des Lebens, ‚Vater und Mutter' – das sind in ökologischer Hinsicht einige wenige basale Faktoren: saubere Luft zum Atmen, trinkbares Wasser, fruchtbarer Boden, Pflanzen und Sonne. ‚Vor einem Hollerbusch soll man den Hut ziehen', sagt eine alte Redensart aus bäuerlicher Gesellschaft. Nicht nur vor dem Holunder, vor jeder Pflanze könnte
5 man ein bisschen Achtung haben, sollte sie ein wenig wie Vater und Mutter ehren. Wir verdanken ihr das Leben. Denn nur die Pflanze beherrscht das Wunder, aus Sonnenlicht, atmosphärischem Kohlenstoff, Wasser und einigen Bodenbestandteilen höchst nützliche und sogar schmackhafte Substanzen entstehen zu lassen. Die Pflanze ist die eigentliche ‚Mutter' Natur. Achte sie, damit es dir gut geht in dem Land, das Gott dir gibt …

10 Es ist sehr fraglich, ob es der Menschheit gelingen wird, ohne die altmodische ‚Liebe zur Natur' ihre Lebensgrundlagen zu bewahren. Mit einem ausschließlich wissenschaftlich angeleiteten ‚ökologischen Bewusstsein' wird das Engagement für einen veränderten, weniger rücksichtslosen Umgang mit Wasser, Boden, Luft, mit Fauna und Flora sowie mit ihren Lebensräumen womöglich nicht stark genug sein. Die Ehrfurcht gegenüber dem Natürlichen, das Gespür für Schönheit und Würde des
15 Lebendigen können hingegen eine Leidenschaft auslösen, die eine rein rationale Analyse der ökologischen Zusammenhänge nicht hervorrufen kann. Es steht dem Menschen gut an, sich als ‚Kind' der Natur zu sehen und ‚Vater und Mutter' zu ehren. Wenn er die Ursachen des Lebens nur hinsichtlich ihrer Nützlichkeit abschätzt und bewertet, wird es ihm auf Dauer nicht gut gehen können.

aus: Suttner, Bernhard G., Die 10 Gebote: Eine Ethik für den Alltag im 21. Jahrhundert © Mankau Verlag, Murnau a. Staffelsee 2007

Arbeitsauftrag

Arbeiten Sie die zentrale Aussage dieses Versuchs einer Aktualisierung des vierten Gebots heraus und nehmen Sie dazu Stellung.

M 7

Gewissen – eine Gebrauchsanweisung

Was also ist das Gewissen? Hirnforscher haben es bisher nicht gefunden, es ist kein Organ, das auf Monitoren fest umrissene Konturen zeigt. Vielen Naturwissenschaftlern ist es deshalb als philosophisches oder theologisches Konstrukt verdächtig. Lange schien es so, als habe die Natur keine Moral vorgesehen. Doch seit einigen Jahren regt sich Widerspruch. Wir nehmen, auch ohne Hirnscan, die Aktivität unseres moralischen Netzwerks wahr. Und wir fühlen nicht nur, wir reden und denken, wägen ab und verwerfen. Das Gewissen taugt offenbar nicht als sanftes Ruhekissen, das der Einzelne auf dem Liegestuhl aus Öko-Holz genießen kann. Das Gewissen gibt keine Ruhe, es spricht in uns zu uns, es fragt an, zwingt zur Antwort und zur Verantwortung. Laut Thomas von Aquin verhilft es dem Menschen zu der Fähigkeit, das Gute zu tun und das Böse zu meiden. Der Philosoph Immanuel Kant deutet das Gewissen als die „sich selbst richtende Urteilskraft". Der Mensch kann, im Unterschied zum Tier, sein eigenes Verhalten kritisch reflektieren. Es ist für Kant nicht wichtig, ob der Mensch von Natur aus gut ist, entscheidend ist, dass er gut sein will. Der Wille zum Gutsein bestimmt seinen moralischen Wert als Person. Deshalb kostet es oft Mühe, auf das Gewissen zu hören. Viele schlagen seine lästigen Einflüsterungen in den Wind und wollen es wie einen ungefragten Ratgeber am liebsten loswerden. Ein Mensch, der sein Gewissen niederringt, betrügt sich selbst. Wenn er gewissenlos handelt, so tut er es nicht, weil er keines hätte, sondern weil er es durch konsequente Nicht-Beachtung schließlich zum Schweigen bringt. Von einem derartigen Menschen heißt es zu recht: Sein Gewissen war rein, er benutzte es nie.

Der Apostel Paulus hat im Römerbrief das Gewissen, schon vor Kant, als „inneren Gerichtshof" bezeichnet, als Wechselspiel von Anklage und Verteidigung. Die Tatsache, dass sich Christen wie Paulus, Augustinus und Thomas von Aquin besonders ausgiebig mit dem Gewissen beschäftigt haben, meint mitnichten, dass diese Instanz nur Christen vorbehalten ist. Der Christ fragt: Was würde Gott dazu sagen? Muslime leben unter Allahs Augen. Kant kommt ohne transzendenten Beistand aus. Er insistiert: Was wäre, wenn alle so handeln würden wie ich? Das Gewissen ist die Stimme Gottes, die Stimme der Vernunft, die Stimme einer vertrauten Person. Es vereint Glauben und Wissen, Fühlen und Denken, Hören und Sehen, Freiheit und Bindung. Das Gewissen ist das Persönlichste, was ein Mensch besitzt, das Wertvollste, das er hat. Es ist, wie Philosophen und Theologen sagen, die Mitte der Person, die letzte Instanz moralischer Verantwortung. Der Mensch ist nicht nur ein soziales und sprachbegabtes Lebewesen; was ihn als Menschen auszeichnet, ist sein Gewissen. Wenn Biologen den Menschen durch den aufrechten Gang definieren, erkennt die Ethik darin ein Symbol für das, was den Menschen überhaupt erst zum Menschen macht: die Fähigkeit, das eigene Handeln nicht nur an Eigennutz und Eigeninteresse auszurichten, sondern im Gewissen, vor dem unbestechlichen Blick eines inneren Freundes und Begleiters zu verantworten.

Das Gewissen ist zwar naturgegeben, aber es bedarf der Bildung. Niemand kann es vollständig niederringen, irgendwann wird es sich umso heftiger melden. Aber man kann die lästige Stimme sehr weitgehend zum Schweigen bringen. Der Mensch hat also nicht nur eine Verantwortung vor dem Gewissen, sondern auch eine für das Gewissen.

Alle Gewissenstäter der Geschichte, die Märtyrer und Widerstandskämpfer, erkannten, dass im damals geltenden Recht viel Unrecht herrschte, sie setzten sich über das legale Unrecht hinweg und zahlten dafür einen hohen Preis. Mutige, die sich gegen den Mainstream behaupten, braucht auch die Demokratie. Eine Gesellschaft hat kein Gewissen, sie einigt sich auf Regeln und Werte, die sie per Gesetz mit Sanktionen absichert. Dennoch kann es sich im Kampf um Aufmerksamkeit lohnen, vom Kollektiv nicht nur Gesetzestreue, sondern moralische Verantwortung einzufordern. Politiker und Journalisten reden deshalb Ernährungs-, Klima- und Steuersündern ins Gewissen. Die Erde wird wärmer, der Deutsche dicker, der Reiche reicher. Und wir begehren, nicht schuld daran zu sein. „Wie hältst du's mit dem CO_2, dem Body-Mass-Index, der Einkommensteuererklärung?", so lauten die neuen Gretchenfragen. Energiesparlampen, Fit-statt-Fett-Programme, Konteneinsicht für Finanzbeamte – derartige Maßnahmen vermitteln das wohlige Gefühl, das Gewissen sei in einem demokratischen Staat an die demokratisch gewählten Volksvertreter delegierbar.

Der Gewissenlose, der schnell und ohne Rücksicht auf Verluste „Ich darf das!" donnert, wird es zweifellos häufig leichter haben als jeder, der noch ein grüblerisches „Oder?" anfügt. Doch das ganz große anspruchsvolle Glück bleibt den „Soziopathen von nebenan" verschlossen. Gewissensbisse schmerzen, Entscheiden tut weh. Mit gutem Grund: Das Warnsignal erinnert uns daran, dass wir in der Wahl unserer Lebensziele nicht allzu bescheiden sein sollten. Um es mit Aristoteles zu sagen:

Gewissen – eine Gebrauchsanweisung *(Fortsetzung)*

M 7

55 dass wir Lust an den Dingen empfinden sollen, die es wirklich wert sind. Ein schlechtes Gewissen macht einen nicht zum Dummen. Martin Heidegger sieht im Gewissen den „Aufruf des Selbst zum Selbstseinkönnen". Etwas schlichter formuliert: Es macht mich einmalig, unverwechselbar. Gewissen ist Macht, nicht über andere, aber über sich selbst. Sogar der Nationalökonom und bekennende Utilitarist John Stuart Mill verbucht die Selbstprüfung auf der Habenseite des Lebens, wenn
60 er feststellt „Jeder möchte lieber ein unzufriedener Sokrates sein als ein unzufriedenes Schwein." Es ist anstrengend, ein Gewissen zu haben, aber wer auf sein Gewissen pfeift, dem fehlt das Wesentliche zum Menschsein: der innere Blick, die Stimme des anderen, eine verlässliche Richtschnur in schwierigen Entscheidungen des Lebens.

aus: Eberhard Schockenhoff / Christiane Florin, Gewissen – eine Gebrauchsanweisung © Verlag Herder GmbH, Freiburg im Breisgau 2009, S. 9–18 (gekürzt)

Arbeitsaufträge

1. Erstellen Sie auf der Grundlage des Textes eine Definition des Gewissens, die auch dessen Funktion für den Menschen einschließen sollte.
2. Der Text betont die Notwendigkeit der Gewissensbildung. Überlegen Sie, welche Maßnahmen (zum Beispiel in der Erziehung) besonders geeignet sein könnten, diese zu fördern.
3. Formulieren Sie im Anschluss an den Text einen Dialog zwischen einem „gewissenlosen" und einem „gewissenhaften" Menschen.

M 8

Helmuth James von Moltke über das Verfahren vor dem Volksgerichtshof

Helmuth James von Moltke: Abschiedsbriefe ...
In dem Brief an Freya vom 10./11. Januar 1945, in dem Helmuth James von Moltke sehr ausführlich von dem Prozess vor dem Volksgerichtshof berichtet, schildert er seine unmittelbare Konfrontation mit Roland Freisler folgendermaßen:

1 Das Dramatische an der Verhandlung war letzten Endes folgendes: In der Verhandlung erwiesen sich alle konkreten Vorwürfe als unhaltbar, und sie wurden auch fallengelassen. Nichts davon blieb. Sondern das, wovor das dritte Reich [!] solche Angst hatte, dass es 5, nachher werden es 7 Leute werden, zu Tode bringen muss, ist letzten Endes nur folgendes: ein Privatmann, nämlich Dein Wirt [so
5 bezeichnet er sich stets selbst in den Briefen an seine Frau], von dem feststeht, dass er mit 2 Geistlichen beider Konfessionen, mit einem Jesuitenprovinzial und mit einigen Bischöfen, *ohne die Absicht, irgend etwas Konkretes zu tun,* und das ist festgestellt, Dinge besprochen hat, ‚die zur ausschließlichen Zuständigkeit des Führers gehören'. Besprochen was: nicht etwa Organisationsfragen, nicht etwa Reichsaufbau – das alles ist im Laufe der Verhandlung weggefallen [...], sondern besprochen wurden
10 Fragen der praktisch-ethischen Forderungen des Christentums. Nichts weiter; dafür allein werden wir verurteilt. Freisler sagte zu mir in einer seiner Tiraden: ‚Nur in einem sind das Christentum und wir gleich: wir fordern den ganzen Menschen!' Ich weiß nicht, ob die Umsitzenden das alles mitbekommen haben, denn es war eine Art Dialog – ein geistiger zwischen F. und mir, denn Worte konnte ich nicht viele machen –, bei dem wir uns beide durch und durch erkannten. Von der gan-
15 zen Bande hat nur Freisler mich erkannt, und von der ganzen Bande ist er auch der einzige, der weiß, weswegen er mich umbringen muss. Da war nichts von ‚komplizierter Mensch' oder ‚komplizierte Gedanken' oder ‚Ideologie', sondern: ‚Das Feigenblatt ist ab'. Aber nur für Herrn Freisler. Wir haben sozusagen im luftleeren Raum miteinander gesprochen. Er hat bei mir keinen einzigen Witz auf meine Kosten gemacht, wie noch bei Delp und bei Eugen. Nein, hier war es blutiger Ernst: ‚Von
20 wem nehmen Sie Ihre Befehle? Vom Jenseits oder von Adolf Hitler!' ‚Wem gilt Ihre Treue und Ihr Glaube?' Alles rhetorische Fragen, natürlich. – Freisler ist jedenfalls der erste Nationalsozialist, der begriffen hat, wer ich bin ..."

Zitiert aus: Helmuth James und Freya von Moltke, Abschiedsbriefe Gefängnis Tegel. September 1944 – Januar 1945, C. H. Beck Verlag, München 2011, S. 478.

Arbeitsaufträge

1. Arbeiten Sie aus dem Briefauszug heraus, was den Kern dieser Konfrontation ausmacht und welche Rolle dabei dem Christentum zukommt.
2. Stellen Sie anschließend aufgrund Ihrer Kenntnisse über die Ideologie des Nationalsozialismus aus dem Geschichtsunterricht in einer tabellarischen Übersicht zusammen, welche Wertvorstellungen sich hier letztlich gegenüberstehen.

M 9

Die Bedeutung des Gottesbezugs für die ethische Letztbegründung

Carlo Schmid: Erinnerungen

In seinen Lebenserinnerungen geht Carlo Schmid auch darauf ein, wie es dazu kam, dass im Parlamentarischen Rat in Bonn 1948–1949 der Gottesbezug in die Präambel des Grundgesetzes aufgenommen wurde.

Da aber auch in heutiger Zeit die Mehrheit unseres Volkes die Vorstellung hat, daß sich in der Geschichte göttliches Walten manifestiert, angesichts dessen die Menschen zur Verantwortung ihres Tuns vor Gott aufgerufen sind, trug ich keine Bedenken, in die Präambel aufnehmen zu lassen, daß unser Volk sich im Bewußtsein seiner Verantwortung vor Gott und den Menschen dieses Grundgesetz gibt [...].

Die meisten Bewohner der Bundesrepublik werden unter diesem Gott, den die Präambel nennt, den Gott verstehen, dessen Gebote ihnen die religiöse Unterweisung im Elternhaus und in der Schule sowie ihr Leben in den Kirchen unseres Landes nahegebracht haben. Für viele wird er identisch sein mit dem Herrn des „Stirb und werde" unseres Schicksals. Für andere wird er der Weltbaumeister sein, der mit der Schöpfung in sein Werk die Ursachenreihen eingeführt hat, aus denen alles kommt, was durch sich selbst und in der Vermittlung durch unser Tun geschieht; andere wiederum werden jenen Gott in allem finden, was dieser Welt eigen ist, das *„hen kai pan"*, und es gibt, wie das Beispiel des „Materialisten" Ernst Bloch zeigt, jenes Göttliche auch für den Marxisten, den die Erfahrung gelehrt hat, daß der Mensch nicht vom Brot allein lebt, sondern daß es in seinem Bewußtsein eine übergreifende Transzendenz gibt, die ihre Forderungen stellt, und der, wie Faust, weiß, daß das Gewebe des Da-Seins in Natur und Geschichte in seinem Innersten von einer numinosen Macht zusammengehalten wird.

Es gelang mir auch, meine Kollegen zu überzeugen, daß im Bewußtsein unseres Volkes ein Sittengesetz lebt, das wir für verbindlich halten, weil die Deutschen im Laufe ihrer Geschichte erkannten, daß Freiheit, Selbstverantwortung und Gerechtigkeit die Würde des Menschen ausmachen und daß diese Würde gebietet, daß jeder die Freiheit und die Selbstachtung eines jeden anderen achtet und sein Leben nicht auf Kosten der Lebensmöglichkeiten des anderen führt. In diesem Moralverständnis können Christen und Nichtchristen sich im Freiheitsraum des Staates vereinigen.

Auszug: Die Bedeutung des Gottesbezugs für die ethische Letztbegründung. Aus: Carlo Schmid, Erinnerungen, Scherz Verlag, Bern – München – Wien 1979, S. 371 f. © Carlo Schmid Erben

Arbeitsaufträge

1. Stellen Sie heraus, warum der Gottesbezug in der Verfassung Carlo Schmid zufolge die gesellschaftliche Konsensbildung in ethischen Fragen nicht behindert, sondern sogar fördert.
2. Diskutieren Sie mögliche Folgerungen, die sich aus dieser These ergeben, mit Blick auf die heutige Situation in Deutschland.

Segensspruch von Hanns Dieter Hüsch

Hanns Dieter Hüsch: Segen zum Frieden

1 Gott, der Herr,
rufe in uns alle guten Dinge und Gedanken,
die in uns schlummern durch die Jahrtausende
in Herz und Hirn und Leib und Seele,
5 wieder wach.
Alles, was wir oft vergessen,
oder auch für unnütz halten,
oft auch gar nicht wollen,
das freundliche Wort und den guten Blick,
10 die einfache Weise, miteinander umzugehen,
als wäre jeder ein Stück vom anderen,
und ohne den einen gar nicht möglich.
Und nehme von uns die dunklen Gedanken
des Herrschens und des Kriechens
15 und das Rechthaben und alle Besserwisserei.
Es ist nicht des Menschen Glück auf Dauer.
Es ist sein Krieg und sein Verderben.

Der Herr möge uns nach seinen Sätzen
den Frieden lehren,
20 nach seinen Haupt- und Nebensätzen.
Allumfassend, ohne Rest
für den Himmel und für die Erde.
Und nicht nach unseren Grundsätzen,
mit denen wir uns oft genug zugrunde richten,
25 wenn wir Hintergründe suchen,
um dem Abgrund zu entgehen.

Gott, der Herr, möge uns Jesus Christus
an unsere runden Tische setzen,
auf daß wir ihm auf unseren Gedankengängen begegnen,
30 und ohne Furcht die Weltgeschichte überleben.
Jenes Flickwerk aus Eitelkeit und Ruhmsucht,
Glücksspiel und Götzendienst,
Tingeltangel und Totentanz.

Gott, der Herr, mache uns wieder anfällig,
35 für seine Geschichte, die nicht von dieser Welt ist,
nicht erklärbar, keine Diskussionen braucht,
und uns doch tröstet, hoffen lässt, Mut macht,
frohgemut macht.
Und alles in allem Kraft gibt
40 Und uns Zuversicht schenkt.

Hanns Dieter Hüsch: Den Frieden lehren (Segen zum Frieden) aus: Hanns Dieter Hüsch/Michael Blum – Das kleine Buch zum Segen, Seite 18f., 2010/11 © tvd-Verlag Düsseldorf, 1998

Arbeitsaufträge

1. Arbeiten Sie heraus, welche ethischen Leitperspektiven aus diesem Segensspruch abgeleitet werden können, und setzen Sie diese zu den Grundzügen biblisch-christlicher Ethik in Beziehung, die Sie im vorliegenden Kapitel kennengelernt haben.
2. Verfassen Sie eigene Segenswünsche und tauschen Sie diese untereinander aus.

II. Ethische Kompetenz aus christlicher Sicht: aktuelle Herausforderungen

1. Bilddoppelseite (S. 40/41)

Lernziel:

– einen Überblick gewinnen über die drei ethischen Herausforderungen, die im Kapitel thematisiert werden

Erarbeitung:

Nachdem im ersten Kapitel die theoretischen Grundlagen für ethische Kompetenz aus christlicher Sicht erarbeitet und bereits an praktischen Beispielen angewendet wurden, stehen nun im zweiten Kapitel aktuelle Anwendungsbeispiele im Vordergrund. Der Lehrplan und das Lehrwerk setzen Schwerpunkte auf das persönliche Leben (Anwendungsbeispiel Ehe und Familie), auf das Leben in pluraler Gesellschaft (Anwendungsbeispiel Menschenrechte) und auf das Gestalten der pluralen und globalen Gesellschaft aus christlicher Sicht (Anwendungsbeispiel Katholische Soziallehre).

Die Bilder und Texte auf S. 40/41 greifen diese Inhaltsabschnitte vorwegnehmend auf. Während auf der linken Seite die Aspekte Partnerschaft, Ehe und Familie, aber auch Ehelosigkeit und Lebensalter dominieren, also der persönliche Lebensentwurf, werden auf der rechten Seite die gesellschaftlichen Fragen des Kapitels provokant aufgeworfen: Menschen- und Freiheitsrechte (Freiheitsstatue vs. Folter), Vereinbarkeit von Familie und Beruf (Vater als Kinderbetreuer vs. Frauen im Beruf), globale Gerechtigkeit (Wolkenkratzer vs. Elendsviertel).

2. Partnerschaft als personaler Gestaltungsraum (S. 42/43)

Lernziele:

– verschiedene Beispiele von Partnerschaften kategorisieren können
– Einsicht gewinnen, dass das Leben sich in Begegnungen abspielt und immer wieder auf andere Menschen/Partner Rücksicht genommen werden muss
– Regeln für den respektvollen Umgang in einer Partnerschaft beurteilen können

Hinweise für den Unterrichtsverlauf:

Vorbereitung:

Etymologische Begriffsbestimmung „Partnerschaft" als Folie vorbereiten (vgl. **M 1** → S. 43).

Einstieg:

Mit einer Impulsfrage, was eigentlich ein Partner ist, kann in die Thematik eingeleitet werden. Ergänzend kann Folie **M 1** zur Herleitung des Wortes verwendet werden. Der Lehrtext S. 42 (linke Spalte oben) sichert das Gespräch, evtl. zusätzlich als TA (**TB I** → S. 40, erster Teil).

Alternativer Einstieg:

Konkrete ethische Herausforderungen entstehen meist, wenn andere Menschen und deren Wohlergehen mit im Spiel sind. Daher kann das Zitat von Martin Buber auch als Einstieg in die gesamte Thematik von Kapitel II verstanden werden. In einer Analyse dieses (noch unvollständigen) Zitats kann der Menschwerdungscharakter der Aussage betont werden. Im ethischen Kontext verstanden heißt es, dass ich gerade erst am Du und in der Auseinandersetzung mit dem Mitmenschen mein wahres Selbst finden kann.

Erarbeitung Teil 1:

AA 1 und AA 2 wenden den Begriff auf verschiedene Lebensbereiche an. Neben der klassischen Partnerschaft zwischen Mann und Frau oder auch Familie („Teilhaber" z. B. an einer Gütergemeinschaft) sollten auch die homosexuellen Partnerschaften angesprochen werden, die die Kriterien einer Partnerschaft nach dieser Begriffsbestimmung erfüllen, aber eben nicht die einer Ehe. Ein Schwerpunkt kann insbesondere auf die Geschäftspartnerschaft gelegt werden, da wirtschaftsethische Fragen im Sozialethik-Teil aufgegriffen werden.

Überleitung:

Mittels einer allgemeinen Klärung des Begriffs „Beziehung" kann man zu AA 3 überleiten und dabei das Eingangszitat – falls noch nicht geschehen – aufgreifen.

Der Lehrtext vor AA 4 betont die anthropologische Grundlage einer Beziehung und ergänzt das Buber-Zitat um den Aspekt der Begegnung. Der Umkehrschluss („Ein Leben ohne Begegnung ist kein wirkliches Leben") kann anschließend kurz diskutiert werden.

Erarbeitung Teil 2:

In einer weiteren Erarbeitungsphase sollen Rahmenbedingungen bzw. Regeln einer Partnerschaft gefunden und diskutiert werden.

Der Psychologe, Paar- und Familientherapeut Hartwig Hansen nennt „Zehn Regeln für einen respektvollen Umgang miteinander". Der zentrale Begriff dabei ist Respekt bzw. Rücksicht. Durch Rücksicht auf den Partner wird man letztlich auch der Personwürde des Menschen gerecht und behandelt ihn nicht als Objekt (vgl. S. 42, AA 8).

Das persönliche Ranking (S. 43, AA 1) kann in EA erstellt und zunächst mit einem Partner (!) diskutiert und begründet werden. Erfahrungsgemäß werden die S allen Regeln zustimmen können, interessant sind aber die persönlichen Schwerpunktsetzungen.

Als Puffer könnte man überlegen, inwieweit diese Regeln auch für Geschäftspartnerschaften Anwendung finden können.

Vertiefung:

Das Liebespaar von Pablo Picasso (1881–1973) legt einen Schwerpunkt auf die Mann-Frau-Partnerschaft und kann als Abschluss der Einheit und Hinführung zur Ehe verwendet werden. Dabei kann die von Respekt geprägte partnerschaftliche Beziehung als notwendige Voraussetzung einer Ehe thematisiert werden, künstlerisch lässt sich die dem Bild innewohnende Zärtlichkeit und Zuneigung als Ausdruck des Respekts herausarbeiten.

3. Das katholische Eheverständnis
(S. 44/45)

Vorbemerkung:

Bewusst ist auf der Doppelseite die Überschrift „Das katholische Eheverständnis" gewählt (ebenso bewusst „Das christliche Familienverständnis" auf der nächsten Doppelseite), da im sakramentalen Eheverständnis der katholischen Kirche grundlegende Unterschiede zu anderen christlichen Konfessionen bestehen.

Lernziele:

- Kennenlernen des katholischen Eheverständnisses anhand wichtiger Texte der Bibel, Tradition und Liturgie
- Kennen und Bewerten der klassischen Ehezwecke
- Reflektieren der eigenen Haltung zur Ehe und Gestaltung eines eigenen Eheversprechens

Hinweise für den Unterrichtsverlauf:

Vorbereitung:

Evtl. die Zitate der Kapiteleingangsseite als Folie oder Präsentation vorbereiten (vgl. **M 2** → S. 43)

AB **M 3** (→ S. 44) kopieren

Lehrerinformation:

Aus der Reihe der zitierten Personen ist wahrscheinlich der englische Dramatiker, Schriftsteller und Arzt William Somerset Maugham am wenigsten bekannt.

Interessant ist bei den drei anderen Philosophen, dass der jeweils jüngere den älteren als Vorbild hat: Schopenhauer sieht sich in der Nachfolge Kants, Nietzsche wiederum ist stark von Schopenhauer beeinflusst.

Einstieg:

In der Auseinandersetzung mit den Zitaten zu Ehe und Liebe beschäftigen sich die S bereits mit dem Zweck der Ehe, ohne dass dies explizit thematisiert werden müsste. Die teilweise recht direkte Zweckbestimmung über den eigenen Geschlechtstrieb (Kant, Schopenhauer) sowie der Fortpflanzung (Maugham) steht die schon fast transzendent-kreative Aussage Nietzsches gegenüber, von dem man sie wahrscheinlich am wenigsten erwartet hätte.

Überleitung:

Eine kurze – mündliche – Umfrage im Kurs nach den wichtigen Werten in einer „festen Freundschaft" kann zu den Grundlagen einer Ehe führen.

Erarbeitung:

In der Erarbeitung wird ausgehend von den klassischen Ehegütern nach Augustinus auch der personale Aspekt der ehelichen Partnerschaft betont:

<u>Fides (Treue), S. 44, linke Spalte:</u>
- Artikel aus dem Neuen Lexikon der christlichen Moral mit AA 2 + 3
- damit verbundene Schwierigkeiten und deren Überwindung (Papsttext)

<u>Sacramentum, S. 44, rechte Spalte:</u>
- Lehrtext mit biblischem Bezug zu Gen 1,27f. und Eph 5,31f.
- Grundwissensbezug „Sakrament" mit S. 45, AA 1

<u>Proles (Nachkommenschaft), S. 45 oben:</u>
- Konzilstext „Gaudium et spes"
- Beziehung zu Eingangszitaten herstellbar

Man kann die einzelnen Aspekte in EA/PA erarbeiten lassen und lässt sie in Form von Kurzreferaten vorstellen. Eine Sicherung erfolgt in einer TA (vgl. AA 2, S. 45); dabei kann man durchaus auch die lateinischen Fachbegriffe nennen.

Anwendung:

Der Textauszug aus dem CIC (vgl. **M 3**) wird in EA als Anwendung kurz bearbeitet. AA 2 auf dem AB führt zum personalen Aspekt der Ehe, dem „bonum coniugum".

Dies wird in der TA (**TB II** → S. 40) festgehalten.

Vertiefung:

Nach der „theoretischen" Fundierung des katholischen Eheverständnisses kommt die praktische Anwendung und Korrelation.

- Entweder liest man den Text der Eheliturgie S. 45 in EA und bearbeitet AA 3 + 4 im LSG

II. Ethische Kompetenz aus christlicher Sicht: aktuelle Herausforderungen

- oder, bei gut eingespielten Kursen, die die nötige Offenheit für eine solche Unterrichtsform mitbringen, kann man im Sinne eines performativen RUs auch die offizielle Eheliturgie in einem Rollenspiel durchspielen, L als Priester. Diese Variante bietet die Möglichkeit, die Darsteller zu ihrem Befinden während des Eheversprechens zu befragen.
So kann der Aspekt „Größtes Versprechen, das ein Mensch geben kann" neben den AA 3 + 4 thematisiert werden.

Abschließend kann nochmals der Bogen zu den Eingangszitaten hergestellt werden.

Hausaufgabe:
Der letzte AA 5 bietet sich als persönliche Hausaufgabe an, die nicht in der folgenden Stunde besprochen werden muss, bei dem Wunsch des Kurses allerdings durchaus besprochen werden kann.

Insgesamt betont diese Unterrichtseinheit ein sehr idealistisches, vielleicht sogar romantisches Bild der Ehe. Der Aspekt des Scheiterns sowie andere Lebensformen werden bewusst nur am Rande angesprochen.

Man kann als „vorbeugende Hilfe" für das Gelingen einer Ehe auch nochmals den Punkt „Zehn Regeln für einen respektvollen Umgang miteinander" aufgreifen.

4. Das christliche Familienverständnis (S. 46/47)

Lernziele:
- vertiefter Einblick in das christliche Familienverständnis
- Wertschätzen der Familie als Keimzelle/Urzelle der Gesellschaft, aber auch als Urzelle der Kirche

Lehrerinformation:
Eine sehr gute Informationsseite zur Situation von Familien und aktuellen familienspezifischen Fragen bietet das Online-Familienhandbuch des Staatsinstituts für Frühpädagogik, München, das auch von kirchlichen Einrichtungen gesponsert wird: www.familienhandbuch.de (Stichworte: Familienforschung, Familienpolitik).

Dana Dawson (1974–2010) war eine US-amerikanische Sängerin und Broadway-Künstlerin, die kurz nach ihrem 36. Geburtstag an einem Darmkrebsleiden verstarb. Mit der Single „3 is family" aus dem Jahr 1995 gelang ihr ein klassisches One-Hit-Wonder.

Hinweise für den Unterrichtsverlauf:

Einstieg mit integrierter Wiederholung:
Der Soul-Pop-Song „3 is family" (den man mit Musikvideo auf entsprechenden Webseiten finden kann) beschreibt auf sehr anschauliche Weise die Gefühle einer Mutter, die mit der Geburt ihrer Tochter die Familie als komplettiert sieht; erst drei sind eine Familie, was man als ersten Definitionsversuch verwenden kann.

AA 1 schließt eine Wiederholung des katholischen Eheverständnisses mit ein. Der Song betont insbesondere den Aspekt „proles", aber auch die personal-kreative Seite einer Ehe: was die Partner zusammen erschufen, ist das größte Geschenk in der Welt. Damit ist auch ein zumindest indirekter Bezug zum Nietzsche-Zitat auf der Kapiteleingangsseite möglich (ohne dabei jedoch auf den von Nietzsche propagierten Beitrag zur Schaffung des Übermenschen näher einzugehen).

Die letzte Strophe (AA 2) legt noch eine weitere Dimension offen: die Dimension der Großelternschaft, die sich mit ihren Kindern freuen wollen. Leider war dies Dana Dawson selbst nicht vergönnt.

Erarbeitung:
Nach ersten Definitionsversuchen (AA 3, vgl. **TA III** → S. 41) und der Diskussion, warum man noch eine Familie gründen solle, wird mit dem Textauszug aus dem Kompendium des Katechismus der Begriff aus kirchlicher Sicht definiert und die Institution Familie letztlich auf Gott zurückgeführt.

Nach der Erarbeitung der TA aus dem Katechismus-Text sollen die S erklären, warum die Familie die Urzelle der Gesellschaft ist.

Dabei wird auch sofort klar, warum das Grundgesetz die Familie und damit verbunden die Ehe unter besonderen Schutz stellt. AA 6 stellt einen Bezug zur aktuellen Tagespolitik her. Hier kann das Online-Familienhandbuch aktuelle Themen aufzeigen.

Vertiefung:
Der Text aus der Enzyklika „Caritas in veritate" (S. 47, AA 1) thematisiert das Problem des Geburtenrückgangs in den „großen Nationen". Damit gehen auch oft Probleme im Sozialsystem einher (Kostenerhöhungen und damit verbunden Reduzierung der nötigen Investitionen). Daneben reduziert sich auch die Zahl der qualifizierten Arbeitskräfte, eine Entwicklung, die bereits jetzt mit dem Ruf nach Fachkräften aus dem Ausland in einzelnen Branchen eingesetzt hat. Der Papst schließt mit der Aufforderung an die betroffenen Staaten, politische Maßnahmen zu treffen, die Familien zugutekommen.

Abschluss:
Die S stehen im nächsten Lebensjahrzehnt vor der Entscheidung, ob sie eine Familie gründen sollen oder

nicht. Der letzte Abschnitt mit einem Text des Theologen und Sozialethikers Andreas Lob-Hüdepohl (* 1961) soll die eingangs bereits gestellte Frage aufgreifen, warum man in einer Zeit, die die Unabhängigkeit und Freiheit des Menschen betont, noch eine Familie gründen sollte. Dabei greift Lob-Hüdepohl auch nochmals den Gedankengang Bubers von S. 42 auf.

Somit erhält die Trias Partnerschaft – Ehe – Familie eine runden Abschluss.

5. Berufung zur Ehelosigkeit
(S. 48/49)

Vorbemerkung:

Der Zölibat ist für viele der Stein des Anstoßes an der Katholischen Kirche. Die Doppelseite legt einen Schwerpunkt auf die gelungene Form gelebten zölibatären Lebens, wohlwissend, dass diese Form in der Öffentlichkeit nicht wahrgenommen wird.

Nichtsdestotrotz ist es auch Aufgabe des RU, den S eine differenzierte Diskussion zu diesem Thema zu ermöglichen.

Der besondere Charme des Artikels „Eine Lanze für den Zölibat" liegt darin, dass mit dem CDU-Politiker Steffen Heitmann (* 1944) ein evangelisch-lutherischer Theologe Partei für den Zölibat ergreift.

Als Beispiel für den gelebten Zölibat wurde Sr. Lea Ackermann gewählt, die im Interview mit „Leben gestalten" die von Heitmann genannten Argumente teilweise auf ihr Leben bezieht und bestätigt.

Lernziele:

- den Begriff „Zölibat" kennen und erklären können
- sich mit Argumenten pro und kontra Zölibat auseinandersetzen und eine begründete Meinung einnehmen
- ein Beispiel gelebten Zölibates beurteilen und würdigen können

Hinweise für den Unterrichtsverlauf:

Einstieg:

Nach der Beschäftigung mit Ehe/Familie als verheirateter Lebensform gelebten Christseins wird nun der Lebensentwurf Zölibat betrachtet.

Zunächst wird das Wort aus dem Lateinischen „caelebs" abgeleitet: allein, unvermählt lebend. Der besondere Charakter des kirchlichen Zölibats ist die Begründung „um des Himmelreiches willen".

Streitgespräch[1]:

Bevor in ein Streitgespräch „Pro-Kontra-Zölibat" eingestiegen werden kann, muss abgeklärt werden, wer pro, wer kontra Zölibat ist. Eventuell findet sich kein „Pro-Zölibat"-Vertreter; dann muss seitens L die Klasse in etwa zwei gleich große Gruppen aufgeteilt werden. Dann ist es – insbesondere für die Pro-Gruppe – nötig, sich mit den Argumenten vertraut zu machen. Dabei kann neben dem Artikel von Steffen Heitmann (S. 48) auch der Interview-Auszug mit Papst Benedikt XVI. (vgl. M 4 → S. 45) ergänzend verwendet werden.

Am Ende sollte in jeder Gruppe ein Sprecher bestimmt werden, der ein Plädoyer für den eigenen Standpunkt hält. In der anschließenden Diskussion achtet L (oder ein geeigneter S als Gesprächsleiter) darauf, dass immer abwechselnd die Argumente ausgetauscht werden und beide Positionen die gleiche Redezeit erhalten.

Nach dem Streitgespräch werden auf der Meta-Ebene die Diskussion und die genannten Argumente reflektiert, bewertet und evtl. stichpunktartig als TA gesichert.

Erarbeitung:

Die S lesen mit verteilten Rollen das Interview mit Sr. Lea Ackermann zum Zölibat. AA 3 auf S. 49 nimmt Bezug zu der im Lehrplan geforderten Bibelstelle, die allerdings besser im gesamten Kontext gelesen werden sollte und nicht nur in dem vom Lehrplan genannten Auszug.

Vertiefung:

Im Hinblick auf die folgenden Einheiten zum Thema „Menschenrechte" bzw. „Katholische Soziallehre" kann als Überleitung das Interview mit Sr. Lea Ackermann auf Welt Online (M 5 → S. 46 f.) gelesen werden.

Alternativ ist auf dem YouTube-Kanal von bibel.tv ein 25-minütiges Interview mit Sr. Ackermann über SOLWODI und ihre Arbeit zu sehen (Suche auf youtube.com mit den Begriffen „Sr. Lea Ackermann" führt zum entsprechenden Stream).

6. Die Menschenrechte – verankert im christlichen Menschenbild (S. 50/51)

Lernziele:

- die Entwicklung der Menschenrechte kennen und die Rolle der Kirche bewerten
- die Frage nach dem Ursprung der Menschenrechte reflektieren

---

1 nach Niehl, Franz Wendel; Thömmes, Arthur (1998): 212 Methoden für den Religionsunterricht. München: Kösel: S. 80, 138

II. Ethische Kompetenz aus christlicher Sicht: aktuelle Herausforderungen

– erkennen, dass mit Rechten auch Pflichten verbunden sind und die „Allgemeine Erklärung der Menschenpflichten" kennen

Hinweise für den Unterrichtsverlauf:

Vorbereitung und Lehrerinformation:

Die „Allgemeine Erklärung der Menschenrechte" und die „Allgemeine Erklärung der Menschenpflichten" sind umfangreiche Quelltexte, die sich nicht für das Kopieren eignen. Daher bietet sich hier die Quellenarbeit im Computerraum an, auch im Hinblick auf die beiden im Lehrwerk genannten Quellentexte von Papst Benedikt XVI.

In der ursprünglichen Fassung des Lehrwerks waren die Internet-Links zu den Quellentexten enthalten, mussten aufgrund einer neuen KM-Richtlinie vor Drucklegung aber entfernt werden.

Man kann die S selbst im Internet recherchieren lassen oder man legt die entsprechenden Dateien für die S in ein Austauschverzeichnis.

Allgemeine Erklärung der Menschenrechte:
- http://de.wikisource.org

Die Suche nach „Menschenrechte" liefert die Erklärung in einer synoptischen Darstellung deutsch/englisch.

- http://www.ohchr.org/EN/UDHR/Pages/Language.aspx?LangID=ger

Diese Seite des Hochkommissariats der Vereinten Nationen für Menschenrechte findet man direkt über einen Quellenlink aus wikisource.
Hier gibt es auch eine PDF-Version der Erklärung, die man den S zur Verfügung stellen könnte.

Allgemeine Erklärung der Menschenpflichten:
- http://de.wikipedia.org

Die Suche „Menschenpflichten" liefert Hintergrundinformationen zum InterAction Council und zur Entstehung des Textes.

Außerdem findet sich der folgende Quellenlink:
- http://www.interactioncouncil.org/udhr/de_udhr.html

Neben der HTML-Version ist auf dieser Seite auch eine PDF-Version verfügbar, die man den S zur Verfügung stellen kann.

Enzyklika „Caritas in veritate":
- http://de.wikipedia.org liefert mit dem Suchbegriff „Caritas in veritate" eine gute Startplattform mit Links zur deutschsprachigen Version der Enzyklika auf Seiten des Vatikans und zur PDF-Version der Deutschen Bischofskonferenz.

Rede des Papstes vor der UNO:
- Hier führt eine Google-Suche mit den Begriffen „Benedikt Rede UNO" schnell zum entsprechenden Quellentext.

Als weitere Hintergrundinformation zum Thema „Menschenrechte" dient für L der Textauszug aus dem Gemeinsamen Wort zur wirtschaftlichen und sozialen Lage in Deutschland von 1997 (**M 6** → S. 48 f.). Insbesondere werden unter (132) die in der Grafik S. 51 genannten drei Kategorien erläutert.

Einstieg:

AA 1 + 2 thematisieren die Karikatur der UNESCO, die Bezug auf Michelangelos „Erschaffung des Adam" nimmt. Dabei wird hier eine göttliche Urheberschaft der Menschenrechte angedeutet – die Idee der Menschenrechte als außerhalb des Menschen existierend.

Erarbeitung:

Der Lehrtext (S. 50, 1. Spalte) begründet die Menschenrechte aus dem Naturrecht (hier bietet sich ggf. eine kurze Wiederholung des Naturrechts, S. 14 f. an), das aus rationalen Gründen auch dann gelten würde, wenn es keinen Gott gäbe (Grotius-Zitat, AA 3). Diese Haltung kann (AA 4) in einem kurzen LSG diskutiert werden.

In einem zweiten Abschnitt werden die Entstehung der Menschenrechte und die Haltung der Kirche aus historischer Perspektive beleuchtet. Der Textauszug aus „Das Kapital" von Reinhard Marx gibt einen offenen und differenzierten Einblick.

Die Unabhängigkeitserklärung der USA schließt den historischen Rückblick ab. In AA 1 auf S. 51 muss der Auszug der Unabhängigkeitserklärung der Begründungslinie „göttlicher/transzendenter Ursprung" zugeordnet werden.

Vertiefung:

Nach dem historischen Exkurs erfolgt die Auseinandersetzung mit der Allgemeinen Erklärung der Menschenrechte. Dabei kann eingangs die allgemeine Frage nach dem Verhältnis von Rechten und Pflichten thematisiert und in einem kurzen LV Geschichte und Hintergründe der „Allgemeinen Erklärung der Menschenpflichten" angesprochen werden (nähere Informationen auf de.wikipedia.org, s. o.).

Anschließend beschäftigen sich die S in EA/PA vergleichend mit den beiden Quellentexten unter Zuhilfenahme der Grafik auf S. 51 (AA 2–5), die Auswertung und Ergebnissicherung (evtl. mit TA) erfolgt im Plenum.

Hausaufgabe:

Abschließend kann einer der beiden Quellentexte des Papstes zur Forderung nach einer starken internationalen Autorität (evtl. auszugsweise) gelesen und diskutiert werden.

Damit leitet man zur nächsten Einheit über, in der es um Chancen und Schwierigkeiten bei der Verwirklichung von Menschenrechten geht.

7. Chancen und Schwierigkeiten bei der Verwirklichung von Menschenrechten (S. 52/53)

Vorbemerkung:

Weitere Informationen über die Haltung der Kirchen zu Menschenrechten finden sich in **M 6** auf Seite 48 f.

Lernziele:

- anhand verschiedener Internationaler Strafgerichtshöfe die Möglichkeiten der Verwirklichung von Menschenrechten kennenlernen
- anhand zweier Fallbeispiele einerseits die Grenzen der Verwirklichung von Menschenrechten und andererseits die Diskrepanz zwischen Anspruch und Wirklichkeit kennenlernen

Hinweise für den Unterrichtsverlauf:

Einstieg:

Die Forderung des Papstes nach einer starken internationalen Autorität (vgl. HA der Vorstunde) kann in die Problematik der Durchsetzbarkeit und Verwirklichung von Menschenrechten einleiten und in eine erste Diskussion münden.

Das im zweiten Abschnitt angesprochene Dilemma nennt bereits das Problem, das im Folgenden in drei Beispielen angesprochen wird.

Erarbeitung:

Die drei genannten Internationalen Strafgerichtshöfe sind Beispiele für Chancen, wie die Verwirklichung von Menschenrechten gelingen kann. Dabei tritt gerade im dritten Beispiel das Problem hervor, dass es einzelne Staaten gibt, die diesen Gerichtshof nicht akzeptieren. Damit wird die Autorität dieses Gerichtshofes untergraben und eingeschränkt. Insbesondere die Rolle der USA ist problematisch. Der damalige Präsident Clinton hat in einem Interview später zugegeben, dass die USA bei der Ausgestaltung des Gerichtshofes mitwirken wollten (daher gab es zunächst eine Unterschrift), aber von vorneherein klar war, dass die USA einen solchen Internationalen Gerichtshof nicht anerkennen würden, daher wurde die Unterschrift später wieder zurückgezogen (vgl. AA 1 + 2, S. 52).

Fallbeispiele:

Die beiden Fallbeispiele machen klar, warum es noch große Schwierigkeiten bei der Durchsetzung und Verwirklichung von Menschenrechten gibt.

Dabei sind die Ursachen unterschiedlich: Das Beispiel China zeigt, dass es Staaten gibt, die Menschenrechte und deren Verwirklichung als innerstaatliche Angelegenheit betrachten. Zur Begründung werden unterschiedliche kulturelle Entwicklungen der Staaten angeführt sowie die wirtschaftliche Situation des jeweiligen Staates.

Das zweite Beispiel der USA geht von der universalen Geltung der Menschenrechte aus, im Zweifel werden aber die Menschenrechte missachtet, wenn es dem Wohl und der Sicherheit des eigenen Landes dient.

Präsident Obama hatte zwar ursprünglich die Schließung des Gefangenenlagers in Guantánamo und die sofortige Einstellung der dortigen Militärprozesse gegen die Inhaftierten angeordnet. Allerdings ist man nach zwei Jahren Obama-Administration (März 2011) mittlerweile soweit, dass die zweifelhaften Gerichtsprozesse dort wieder aufgenommen werden und eine Schließung des Gefangenenlagers immer noch nicht absehbar ist.

Die beiden Fallbeispiele können sowohl in arbeitsteiliger PA/GA bearbeitet werden als auch in EA gelesen werden.

Die AA auf S. 53 geben Schwerpunkte für die Diskussion vor, der Brief an den chinesischen Außenminister (AA 3, S. 53) kann auch als HA gestellt werden.

8. Schritte ethischer Urteilsbildung – Güterabwägung, Entwickeln von Alternativen (S. 54–57)

Vorbemerkung:

Die Schritte ethischer Urteilsbildung wurden bereits in Jahrgangsstufe 10 (Thema: Gewissen) angedeutet und im 1. Kapitel theoretisch entfaltet (vgl. S. 26 f. und S. 32–35). Trotzdem sieht der Lehrplan in 12.2 nochmals diesen Punkt vor.

Auf S. 54 f. wird eine theoretische Grundlage insbesondere im Hinblick auf Güterabwägung gelegt, die auf eine berühmte Dilemma-Geschichte angewendet werden soll.

Alternativ steht – auch als Überleitung zur Katholischen Soziallehre – ein wirtschaftsethischer Schwerpunkt auf S. 54/55 zur Verfügung mit einem Textauszug aus Reinhard Marx' „Das Kapital" und der Vorstellung eines ethisch vertretbaren Finanzkonzepts.

Lernziele:

- den Begriff „Güterabwägung" theoretisch definieren und praktisch anwenden können
- sich hineinversetzen in Fallbeispiele, diese beurteilen und Alternativen entwickeln

II. Ethische Kompetenz aus christlicher Sicht: aktuelle Herausforderungen

Hinweise für den Unterrichtsverlauf:

Vorbereitung:

Evtl. AB M 7 (→ S. 50) kopieren

Einstieg:

Mit AA 1–3 überlegt man in Kleingruppen, wie man selbst zu einem ethisch verantwortbaren Urteil bei wichtigen Fragen kommt. In einem kurzen Austausch und damit verbundener Auswertung soll im Plenum das Problem aufgezeigt werden, dass man Alternativen oft nicht eindeutig nach gut/richtig kategorisieren kann (vgl. S. 54, l. Spalte) und zwischen verschiedenen Gütern abwägen muss.

Erarbeitung:

Es folgt ein theoretischer Teil, in dem die Begriffe „Güter" (vgl. Info-Box) und „Güterabwägung" (vgl. Auszug aus dem Neuen Theologischen Wörterbuch) definiert und mit AA 4 + 5 gesichert und angewendet werden. Dabei ist Wert auf die Unterscheidung zwischen einer echten Güterabwägung und einer Handlung mit Doppelwirkung zu legen (AA 6), vgl. auch TA IV (→ S. 41).

Die Kriterien für eine Urteilsbildung mit der Güterabwägung können aus dem Lehrtext S. 55 erarbeitet und evtl. als TA und mit AA 1 + 2 gesichert werden.

Anwendung:

Die vorgestellte Dilemmageschichte mit AA 3 + 4 ist der Konstanzer Methode zur Dilemmadiskussion entnommen[2]. Interessant kann hierbei auch eine Umfrage sein, die vor und nach der Diskussion abfragt, ob Lara richtig gehandelt hat. Möglicherweise gibt es hier Bewegungen zu beobachten.

Der Textauszug von Reinhard Marx' „Das Kapital" auf S. 56 f. sollte in EA gelesen werden, so kann die Dreistigkeit des vorgestellten Finanzmodells affektiv besser auf den einzelnen S wirken. Die Bibelstelle Jer 22,13–19 kann als AB (vgl. M 7) zur Verfügung gestellt werden. In AA 1, S. 57 sollen die S die verschiedenen Interessen und Güter gegenüberstellen (Finanzmakler, Arme in den betroffenen Ländern). Dabei ist klar, dass hier ethisch absolut verwerflich gehandelt wurde.

Mit AA 2 sollen sich die S in die Rolle eines Verantwortlichen der Internationalen Finanzaufsicht versetzen und den Fondsmanagern alternative Ratschläge geben.

Als weiteres Alternativmodell können abschließend das Konzept der Mikrokredite und Muhammad Yunus vorgestellt werden. Dies kann auch in Form eines Schülerreferats geschehen.

Alternativ können sich die S im Internet informieren, z. B. über www.oikocredit.org. Damit gelingt einerseits die Überleitung zum Themenbereich „Katholische Soziallehre", und insbesondere werden hier bereits die Sozialprinzipien „Subsidiarität" sowie „Retinität" angewendet.

9. Die katholische Soziallehre in den Sozialenzykliken (S. 58/59)

Lernziele:

- einen Überblick über die Entwicklung der katholischen Soziallehre seit dem 19. Jahrhundert gewinnen
- die Hintergründe und gesellschaftlichen Lösungsversuche auf die Soziale Frage im 19. Jahrhundert aus dem Grundwissen des Fachs Geschichte wiederholen

Hinweise für den Unterrichtsverlauf:

Vorbereitung:

Eingangszitat von Oswald von Nell-Breuning ggf. als Folie (vgl. M 8 → S. 50) vorbereiten. Dies bietet sich auch insbesondere daher an, dass man „ein Bild" von ihm erhält, für das im Lehrwerk kein Platz war.

Evtl. AB M 9 bis M 11 (→ S. 51 ff.) in ausreichender Zahl kopieren.

Einstieg:

Nach dem stillen Impuls des Zitats von v. Nell-Breuning geben die S mit eigenen Worten wieder, worum es der Soziallehre der Kirche geht.

Der erste Teil von AA 1 wird in EA auf einem Zettel bearbeitet, eingesammelt und anschließend wird im LSG der zweite Teil des AA beantwortet.

Erarbeitung:

Der Lehrtext auf S. 58 gibt einen kurzen historischen Überblick über die Situation im 19. Jahrhundert. Dabei kann das Grundwissen aus dem Fach Geschichte zur Sozialen Frage wiederholt, die beiden Lösungsversuche Kommunismus und Kapitalismus können thematisiert werden.

Die Rolle der Amtskirche und das Handeln einzelner Vertreter der Kirche werden differenziert im Lehrtext angesprochen. Hier ist ein ähnliches Phänomen wie bei der Durchsetzung/Einführung der Menschenrechte Ende des 18. Jahrhunderts feststellbar.

Man kann zuerst nur die linke Spalte auf S. 58 lesen und dann AA 2 in arbeitsteiliger PA/GA bearbeiten.

---

[2] Lind, Georg (2006): Das Dilemma liegt im Auge des Betrachters. Zur Behandlung bio-ethischer Fragen im Biologie-Unterricht mit der Konstanzer Methode der Dilemmadiskussion. In: Praxis der Naturwissenschaften/Biologie in der Schule 55 (1), S. 10–16. Online verfügbar unter http://www.uni-konstanz.de/ag-moral/pdf/lind-2006_dilemma-im-auge-des-betrachterS.pdf, zuletzt geprüft am 08.03.2011.

Entweder man verwendet die Materialien M 9 bis M 11 über Freiherr von Ketteler, Kolping sowie Don Bosco oder man lässt die S eine Online-Recherche über die Personen und ihr Werk durchführen, z. B. unter
- http://de.wikipedia.org
- http://www.heiligenlexikon.de
- http://www.kab.de
- http://www.kettelerpreis.de
- http://www.kolping.de
- http://www.salesianer.de

Hier kann man übrigens – rückgreifend auf Sr. Lea Ackermann und SOLWODI – erwähnen, dass 2006 eben Sr. Lea mit dem Kettelerpreis ausgezeichnet wurde.

Vertiefung:

In einem zweiten Teil geht es um das Instrument der Sozialenzykliken und deren geschichtliche Entstehung.

S. 58, r. Spalte, liefert den historischen Entstehungszusammenhang des Instruments „Enzyklika". Die tabellarische Übersicht zeigt die folgenden Sozialenzykliken und deren grobe inhaltliche Akzentuierung. Mit AA 1, S. 59, sollen die S – von Nell-Breunings Zitat aufgreifend – die jeweils aktuellen gesellschaftlichen Fragen finden, die Gegenstand der jeweiligen Enzyklika waren.

Anwendung:

In einer Textarbeit sollen wesentliche Aussagen einer längeren Passage aus „Centesimus Annus" zusammengefasst werden (AA 2, S. 59), die beiden Prinzipien Subsidiarität und Solidarität werden in Abs. 15 bereits angesprochen und leiten so zu den Sozialprinzipien auf S. 60/61 über.

10. Die Prinzipien der katholischen Soziallehre (S. 60/61)

Lernziele:

- die vier klassischen Prinzipien der Katholischen Soziallehre kennen, begründen und in Beziehung setzen können
- das Prinzip der Retinität als Erweiterung bzw. Akzentuierung der Solidarität begreifen

Hinweise für den Unterrichtsverlauf:

Vorbereitung:

AB M 12 (→ S. 54) in Kursstärke kopieren

Einstieg:

Das genannte Fallbeispiel ist ein anonymisiertes Realbeispiel. Der Hinweis auf das Sozialgesetzbuch dient dazu, die Aufgaben einer Krankenversicherung zu definieren.

Mit AA 1 und der damit verbundenen Stellungnahme gelingt ein zeitgemäßer Einstieg in das Thema „Katholische Soziallehre" mit einem Beispiel, das sich „Solidarität" auf die Fahne (bzw. Gesetzbuch) schreibt, in der Praxis aber doch unsolidarisch ist.

Das Beispiel kann „ständiger Begleiter" bei der Erarbeitung, Anwendung und Diskussion der einzelnen Sozialprinzipien sein, insbesondere wird es natürlich bei „Solidarität" Anwendung finden.

Erarbeitung:

Die vier klassischen Sozialprinzipien beginnen jeweils mit einem Auszug der Sozialenzyklika „Caritas in veritate" (2009), in der das genannte Prinzip angesprochen wird. Das moderne Prinzip der Retinität beginnt zunächst mit einer Begriffsbestimmung. Es erweitert letztlich die Solidarität um die Zeitdimension: solidarisch den Menschen gegenüber zu sein, die nach einem leben.

Bei der Personalität bietet sich eine Wiederholung zum christlichen Menschenbild an, insbesondere die Gottebenbildlichkeit des Menschen (Gen 1,26 f.) und die Reflektion des Menschen als Individual- und Beziehungswesen (vgl. Buber-Zitat, S. 42).

Insgesamt lassen sich die Prinzipien mit den AA in EA/ PA erarbeiten. Das Ergebnis soll als Schaubild dargestellt werden und kann als TA gesichert werden (vgl. TA V → S. 42).

Vertiefung:

AB M 12 stellt für den Unterricht zusätzliche Quellentexte zu den klassischen Prinzipien der Soziallehre zur Verfügung, es kann aber auch als Vertiefung sowie Lernzielkontrolle den S überlassen werden, diese Passagen den Prinzipien zuzuordnen. Dann muss man aus den Passagen die zu offensichtlichen Hinweise herausstreichen.

Die Zuordnung wäre
- Mater et magistra – Personalität
- Sollicitudo rei socialis – Solidarität
- Gaudium et spes – Gemeinwohl
- Quadragesimo anno – Subsidiarität
 (an der Entfaltung der Subsidiarität in dieser Enzyklika hat maßgeblich Oswald von Nell-Breuning mitgearbeitet)

11. Von der Haltung zur Tat – von der Bedeutung christlicher Tugenden im Beruf (S. 62/63)

Vorbemerkung:

Der Lehrplan fordert unter dem Punkt „Von der Haltung zur Tat" ein Beispiel und nennt ausdrücklich auch

II. Ethische Kompetenz aus christlicher Sicht: aktuelle Herausforderungen

local heroes. Meist denkt man unter sozialethischen Aspekten an Personen, die sich für Unterdrückte und Ausgegrenzte einsetzen und helfen. Persönlichkeiten aus diesem Personenkreis wurden allerdings bei der Sozialen Frage bereits vorgestellt.

Da in der Soziallehre und auch bei der Güterabwägung ein wirtschaftsethischer Schwerpunkt gelegt wurde, ist hier gerade auch ein Beispiel aus der Unternehmerseite interessant, die ja ansonsten oft eher im negativen Licht erscheint.

Aus diesem Grund finden sich im Anhang einige Zusatzinformationen zu dem auf S. 62/63 interviewten Unternehmer Claus Hipp sowie zur Firma HiPP.

Lernziele:

- anhand eines *local heroes* (vgl. Lehrplan) eine erfolgreich gelebte Umsetzung der Soziallehre in der Wirtschaft kennenlernen und beurteilen
- einsehen, dass mit den Tugenden Glaube, Hoffnung und Liebe Leben und auch wirtschaftliches Handeln gelingen kann

Hinweise für den Unterrichtsverlauf:

Vorbereitung:

Evtl. AB M 13/14 (→ S. 55/56) in Kursstärke kopieren

Ggf. den Computerraum reservieren

Einstieg:

Als Einstieg kann man den Kurzfilm „HiPP Philosophie" auf der Firmenhomepage http://www.hipp.de (unter „Über HiPP" im MediaCenter zu finden) abspielen und nach Vorwissen der S fragen. Dabei kann gerade die Bedeutung von guter Qualität bei Babyprodukten thematisiert werden.

Erarbeitung:

Die Kurzbiografie S. 62 l. Spalte oben kann durch einen Steckbrief AB M 13 ergänzt werden. Das Unternehmensleitbild von HiPP (M 14) rundet das Interview ab und gibt einen weiteren Einblick in die besondere Unternehmensphilosophie.

Möchte man die S selbst über HiPP recherchieren lassen, so bietet sich die Homepage mit dem reichhaltigen Informationsangebot an.

Abschließend kann der Einsatz von Claus Hipp in einer Gesprächsrunde beurteilt werden. Möglicherweise reagieren manche S überrascht über diese Art von Unternehmertum.

Die Gesprächsrunde kann in den abschließenden Gestaltungsauftrag münden.

Tafelbild I (zu S. 42/43)

Partnerschaft als personaler Gestaltungsraum

PARTner = TEILhaber

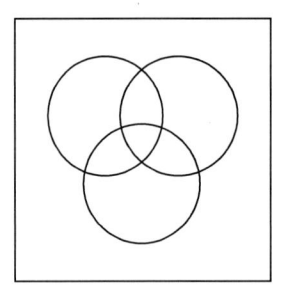

Partnerschaft = gleichwertige Gemeinschaft mehrerer Menschen, die eine (oft verbindliche) Beziehung zueinander eingehen

Beispiele:
- Liebesbeziehung zwischen Mann und Frau (Beziehung)
- Familie
- Homosexuelle Partnerschaft (Beziehung)
- Geschäftspartnerschaft (Beruf)
- Doppelpartner (Sport)
- Partnerarbeit (Schule)

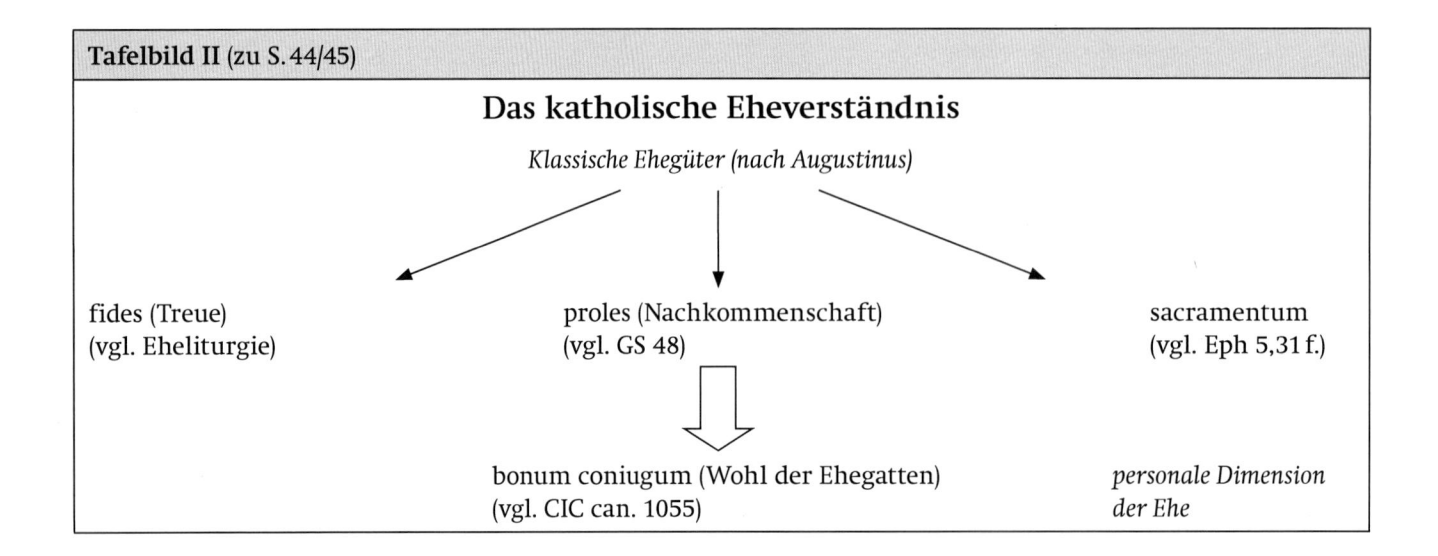

Tafelbild II (zu S. 44/45)

Das katholische Eheverständnis

Klassische Ehegüter (nach Augustinus)

fides (Treue)   proles (Nachkommenschaft)   sacramentum
(vgl. Eheliturgie)   (vgl. GS 48)   (vgl. Eph 5,31 f.)

bonum coniugum (Wohl der Ehegatten)   *personale Dimension*
(vgl. CIC can. 1055)   *der Ehe*

II. Ethische Kompetenz aus christlicher Sicht: aktuelle Herausforderungen

Tafelbild III (zu S. 46/47)

Das christliche Familienverständnis

- familia (lat.) = Hausgemeinschaft
- Gemeinschaft von Personen, die durch viele Faktoren untereinander verbunden sind:
  - genetische Abstammung
  - Zusammenleben
  - Beziehungen und Verantwortungen
- Institution „Familie" letztlich von Gott gestiftet (Katechismus)
- Urzelle der menschlichen Gesellschaft
  → Einübung des gesellschaftlichen Lebens, Orientierungsrahmen
- christlich: Familie als Hauskirche

Tafelbild IV (zu S. 54/55)

Schritte ethischer Urteilsbildung – Güterabwägung

echte Güterabwägung	⇔	Handlung mit Doppelwirkung
Abwägen zwischen zwei Gütern		direktes Hervorbringen von Gutem und Schlechtem; oft Abwägen zwischen zwei Übeln
⇩		⇩
1. Grundgüter 2. unmittelbare Güter 3. mittelbare Güter		Gutes intendieren bzw. „kleineres Übel" wählen

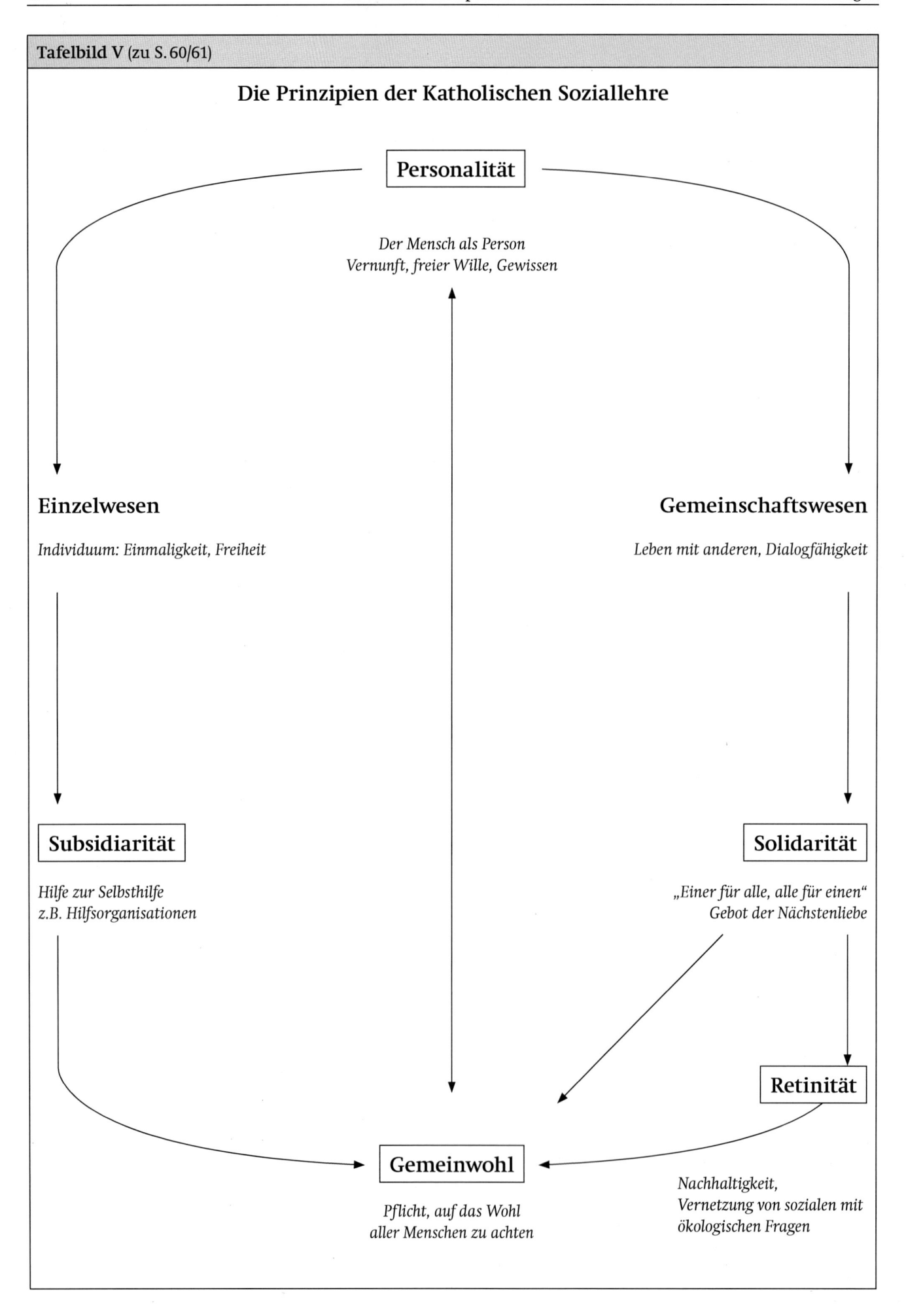

Tafelbild V (zu S. 60/61)

Die Prinzipien der Katholischen Soziallehre

Personalität

*Der Mensch als Person
Vernunft, freier Wille, Gewissen*

Einzelwesen

Individuum: Einmaligkeit, Freiheit

Gemeinschaftswesen

Leben mit anderen, Dialogfähigkeit

Subsidiarität

*Hilfe zur Selbsthilfe
z.B. Hilfsorganisationen*

Solidarität

*„Einer für alle, alle für einen"
Gebot der Nächstenliebe*

Retinität

*Nachhaltigkeit,
Vernetzung von sozialen mit
ökologischen Fragen*

Gemeinwohl

*Pflicht, auf das Wohl
aller Menschen zu achten*

M 1

Begriffsbestimmung „Partner"

Partner, M., „Partner", 19. Jh. (Goethe 1814 bzw. häufiger 2. H. 19. Jh.) Lw. ne. partner, M., „Teilhaber, Partner", zu me. parcener, N., „Teilhaber", Lw. afrz. parconier, M., „Teilhaber", aus spätlat. partionarius, M., „Teilhaber", zu lat. partitio, F., „Teilung", zum Part. Prät. partitus von lat. partire, partiri, V., „teilen", zu lat. pars, F., „Teil"[1]

---

[1] Köbler, Gerhard (1995): Deutsches Etymologisches Wörterbuch. Online verfügbar unter http://www.koeblergerhard.de/der/DERP.pdf, zuletzt geprüft am 07.03.2011

M 2

Zitate zur Ehe

Die Ehe ist die Verbindung zweier Personen verschiedenen Geschlechts zum lebenswierigen wechselseitigen Besitz ihrer Geschlechtseigenschaften.
Immanuel Kant (1724–1804)

Alle Verliebtheit, wie ätherisch sie sich auch gebärden mag, wurzelt allein im Geschlechtstriebe.
Arthur Schopenhauer (1788–1860)

Die Liebe ist nur ein schmutziger Trick der Natur, um das Fortbestehen der Menschheit zu garantieren.
William Somerset Maugham (1874–1965)

Ehe: so heiße ich den Willen zu zweien, das Eine zu schaffen, das mehr ist, als die es schufen.
Friedrich Nietzsche (1844–1900)

Aus dem Codex iuris canonici 1983 (CIC)

CIC can. 1055 § 1:

„Der Ehebund, durch den Mann und Frau unter sich die Gemeinschaft des ganzen Lebens begründen, welche durch ihre natürliche Eigenart auf das Wohl der Ehegatten und auf die Zeugung und die Erziehung von Nachkommenschaft hingeordnet ist, wurde zwischen Getauften von Christus dem Herrn zur Würde eines Sakraments erhoben."

CIC can. 1057 § 1:

„Die Ehe kommt durch den Konsens der Partner zustande, der zwischen rechtlich dazu befähigten Personen in rechtmäßiger Weise kundgetan wird; der Konsens kann durch keine menschliche Macht ersetzt werden."

CIC can. 1057 § 2:

„Der Ehekonsens ist der Willensakt, durch den Mann und Frau sich in einem unwiderruflichen Bund gegenseitig schenken und annehmen, um eine Ehe zu gründen."

aus: Deutsche Bischofskonferenz (Hg.) 1983: Codex Iuris Canonici: Codex des kanonischen Rechtes. Lateinisch-deutsche Ausgabe, 6. Aufl. Butzon & Bercker 2009

Arbeitsaufträge

1. Kennzeichnen Sie in den Textauszügen die klassischen Ehegüter nach Augustinus.
2. Welcher weitere Aspekt der Ehe wird hier betont?

M 4

Papst Benedikt XVI. über den Zölibat

(Peter Seewald): Der Zölibat scheint immer an allem schuld zu sein. Ob an sexuellem Missbrauch, Kirchenaustritten oder Priestermangel. (…) Aber inzwischen empfehlen selbst Bischöfe, „mehr Phantasie und etwas mehr Großmut" zu entwickeln, um „neben der Grundform zölibatären Priestertums auch den Dienst eines verheirateten Menschen als Priester möglich machen zu können."

(Benedikt XVI.): Dass Bischöfe in der Verwirrung der Zeit auch darüber nachdenken, kann ich schon verstehen. Schwierig wird es dann, zu sagen, wie ein solches Nebeneinander überhaupt aussehen sollte. Ich glaube, dass der Zölibat an seiner bedeutenden Zeichenhaftigkeit und vor allem auch an Lebbarkeit gewinnt, wenn sich Priestergemeinschaften bilden. Es ist wichtig, dass die Priester nicht irgendwo isoliert leben, sondern in kleinen Gemeinschaften beieinander sind, einander mittragen und so das Miteinander in ihrem Dienst für Christus und in ihrem Verzicht um des Himmelreiches willen erfahren und sich das auch immer wieder bewusst machen.

Der Zölibat ist immer ein, sagen wir, Angriff auf das, was der Mensch normal denkt; etwas, das nur realisierbar und glaubhaft ist, wenn es Gott gibt und wenn ich dadurch für das Reich Gottes eintrete. Insofern ist der Zölibat ein Zeichen besonderer Art. Der Skandal, den er auslöst, liegt eben auch darin, dass er zeigt: Es gibt Menschen, die das glauben. Insofern hat dieser Skandal auch seine positive Seite.

aus: Benedikt XVI., Licht der Welt, Der Papst, die Kirche und die Zeichen der Zeit. Ein Gespräch mit Peter Seewald © Libreria Editrice Vaticana, Città del Vaticano © der deutschen Ausgabe: Verlag Herder GmbH, Freiburg im Breisgau, 3. Auflage 2010, S. 177

M 5

Interview mit Sr. Lea Ackermann über Prostitution

„Prostitution wird zum normalen Beruf verklärt"

(…) Schön ist das Hurenleben – jedenfalls dann, wenn man diese Karriere freiwillig einschlägt. Dann kann man als „Sexarbeiterin" Abenteuer erleben und Freier zuhause besuchen. Oder man genießt das schöne Wetter und schafft auf dem Straßenstrich an. Weit bringen können es die „Sex-Dienstleisterinnen" natürlich auch: bis zu Eigentumswohnung, schnittigem Sportwagen und solider Altersvorsorge. Mit solchen Worten bewarb der „Bundesverband Sexuelle Dienstleistungen" jüngst die Prostitution. Lea Ackermann lacht laut und herzlich, als sie von dieser Werbung hört. Ein lockerer Auftakt – für ein ernstes Gespräch über modernen Sklavenhandel.

Welt Online (WO): Frau Ackermann, ist das Prostituiertenleben lustig?

Lea Ackermann (LA): (hört plötzlich auf zu lachen): Nein, das ist natürlich Zynismus. Bei den vermeintlich abenteuerlichen Wohnungsbesuchen lauert häufig die Gefahr, Opfer qualvoller Sexpraktiken zu werden, von denen die Vergewaltigung nicht mal die schlimmste ist. Immer wieder werden auch Fälle von perversen Freiern bekannt, die die Prostituierten so scheußlich behandeln, dass diese anschließend Selbstmord begehen wollen und zum Beispiel nackt auf die Straße vor ein Auto springen. In populären Bordellen in NRW sehen Prostituierte oft über ein halbes Jahr lang nicht ein Mal das Tageslicht …

WO: … und zu großem Wohlstand bringt es dann vermutlich auch nicht jede …

LA: … nicht jede? Ich kenne keine! Mit der vermeintlichen Freiwilligkeit ist es übrigens auch nicht weit her.

WO: Eine Minderheit der Prostituierten gilt aber als freiwillig tätig.

LA: Diese Einschätzung ist zweifelhaft, wenn man auf die Lebensläufe dieser Frauen blickt. Mir sind Fälle von sogenannten Freiwilligen bekannt, die mit zwölf Jahren so massiv vergewaltigt wurden, dass sie später sagten: So, mein Körper ist ohnehin nichts mehr wert, jetzt will ich wenigstens Geld dafür haben.

WO: Was sich mit einer Studie des Bundesfamilienministeriums deckt. Demnach haben Prostituierte überdurchschnittlich oft in ihrer Jugend Gewalt, Missbrauch und schwere seelische Störungen erlitten.

LA: Und wenn eine Frau aus massiver Armut heraus anschafft, ist das wohl auch keine ganz freie Entscheidung. Ich kenne eine Ex-Prostituierte aus Litauen, die beschloss, in Deutschland für drei Monate in einem Nachtklub als Prostituierte zu arbeiten …

WO: … aus freiem Entschluss?

LA: Was heißt frei? Ihre Familie lebte in einer Einzimmerwohnung, der Vater war schwer krank und arbeitsunfähig, die Mutter Alkoholikerin. Die ganze Familie fragte sie: Was tust Du eigentlich, um uns aus unserer Not, aus der Armut herauszuhelfen? So sieht die scheinbare Freiwilligkeit tatsächlich aus.

WO: In mehreren Bundesländern wollen nun sozialdemokratische und grüne Frauenpolitiker Prostituierten helfen, indem sie das Bundesprostitutionsgesetz von 2002 konsequent umsetzen. Ein probates Mittel?

LA: Der Gesetzgeber wollte damals nicht akzeptieren, dass die Prostituierten oft wehrlos und rechtlos sind, während die Freier alle Rechte besitzen. Die Frauen sollten sich wenigstens versichern können. Dieses Anliegen war gut.

WO: Seitdem kann Prostitution als sozialversicherungspflichtige Arbeit anerkannt werden, außerdem können Bordelle, Sauna-Clubs und Wohnungsprostitution als Gewerbe angemeldet werden. Der käufliche Sex gilt nun nicht mehr als sittenwidrig. Eine Erfolgsgeschichte?

LA: Nein, leider bestand die Folge des Prostitutionsgesetzes darin, dass Bordelle mit allen möglichen Zusatzangeboten im Wellness-Bereich aus dem Boden schossen und die Branche insgesamt erblühte. Ihr Angebot ist deutlich differenzierter und attraktiver geworden. Gleichzeitig wird die Prostitution faktisch zum normalen Beruf verklärt, für den geworben und ausgebildet werden darf. Der Prostituiertenverein Madonna bietet sogar ausdrücklich „Einstiegshilfen" für Interessentinnen an.

Interview mit Sr. Lea Ackermann über Prostitution *(Fortsetzung)*

WO: Trotzdem erwägt man etwa in der nordrhein-westfälischen Regierung, Druck auf solche Kommunen auszuüben, die Bordelle bislang nicht als ordentliches Gewerbe und Prostitution nicht als ganz normale Arbeit anerkennen wollten.

LA: Solcher Druck wäre kontraproduktiv. Die Politik droht dadurch eher beim Anschaffen als beim Aussteigen zu helfen.

WO: Wieso sollte es ausgeschlossen sein, das Rotlichtmilieu in eine seriöse Branche zu verwandeln – ohne Kriminalität und Zwangsprostituierte?

LA: Weil die rechtliche Aufwertung der Prostitution Kriminellen hilft. Inzwischen muss eine Prostituierte bei einer behördlichen Kontrolle nur noch sagen, sie schaffe freiwillig an, schon hat die Polizei fast keine Möglichkeiten mehr. In Gegenwart des Zuhälters zu bekennen, man werde zur Arbeit gezwungen, trauen sich viele Frauen aber nicht. Ihre Zuhälter reden ihnen ja auch ein, die Polizei stehe auf Seiten der Bordellbetreiber. Durch das Prostitutionsgesetz von 2002 kann man die Frauen also schwerer aus der Gewalt von Zuhältern befreien als zuvor.

WO: Vor allem Grüne hoffen dennoch, illegaler Frauenhandel und die kriminellen Netzwerke dahinter ließen sich in ordentlich angemeldeten Sex-Betrieben leichter bekämpfen.

LA: Das scheint mir ein naiver Glaube zu sein. Die Strippenzieher im Hintergrund haben großes Interesse daran, den Frauenhandel fortzusetzen, weil er sehr lukrativ ist. Wieso sollten sie aufgeben? Außerdem gelingt es den Bordellbetreibern – laut vielen Zeugen – immer wieder, Illegale rechtzeitig verschwinden zu lassen, wenn Kontrollen bevorstehen. Der kriminellen Energie von Menschenhändlern sind die wenigen behördlichen Kontrolleure meist nicht gewachsen.

WO: Die Niederlande haben den deutschen Weg früher beschritten. Was lehrt deren Beispiel?

LA: Dass der illegale Menschenhandel nicht lahmgelegt wurde und dass die Kriminalität in den Rotlichtvierteln dort sogar wuchs. Das ist eben kein gewöhnliches Geschäft, sondern eine tief in Drogen- und Waffenhandel verflochtene Branche. (…)

WO: Diskutiert wird schließlich auch, das Werbeverbot für „Sex-Dienstleister" weiter zu lockern, um diskriminierende Wettbewerbsnachteile der Branche abzubauen.

LA: Dieses Verbot ist schon jetzt stark aufgeweicht. Was soll denn noch kommen? Sollen Siebenjährige die Prostituierten auch auf der Litfaßsäule sehen? In Norddeutschland warb ein Bordell unlängst mit dem Slogan „Ein Bier, ein Würstchen, eine Frau – für 8,99 Euro". Sollen das die Kinder auf Plakaten lesen?

WO: Was schlagen Sie stattdessen vor?

LA: Ich empfehle das Vorbild Schweden. Dort ist nicht die Prostitution, sondern das Freiertum unter Strafe gestellt. Wird ein Freier erwischt, muss er Strafgeld zahlen. Da wurde ein Blickwechsel vollzogen: Wer einen Menschen kaufen will, handelt strafbar. Das hat einen Gesinnungswandel bewirkt. In Schweden halten rund 80 Prozent Prostitution für ein Übel, in Deutschland eher 20 Prozent.

WO: Wurde die Prostitution dadurch auch nur reduziert?

LA: Reduziert wohl schon, vor allem aber wurden ihre Entfaltungsmöglichkeiten gestutzt. Werbung für Bordelle oder eine Anmeldung als Gewerbe sind ausgeschlossen. Natürlich wird es in Schweden weiter käuflichen Sex geben. Aber die große Mehrheit der Bevölkerung hat zu einer wertvollen Botschaft gefunden: Prostitution ist Sklavenhandel. Den darf man nicht hoffähig machen.

© *WELT ONLINE 05.02.2011*

M 6

Die christlichen Kirchen über Menschenrechte

aus: Für eine Zukunft in Solidarität und Gerechtigkeit. Wort zur wirtschaftlichen und sozialen Lage in Deutschland

(130) Nach christlichem Verständnis sind die Menschenrechte Ausdruck der Würde, die allen Menschen auf Grund ihrer Gottebenbildlichkeit zukommt. Die Anerkennung von Menschenrechten bedeutet gleichzeitig die Anerkennung der Pflicht, auch für das Recht der Mitmenschen einzutreten und deren Rechte als Grenze der eigenen Handlungsfreiheit anzuerkennen. Von der Verwirklichung der Menschenrechte kann nur dann gesprochen werden, wenn die staatliche Rechtsordnung die elementaren Rechte jedes Menschen unabhängig von seinem Geschlecht, seiner Herkunft oder seinen individuellen Merkmalen schützt und diese Ordnung von allen Beteiligten anerkannt wird. Die Pflicht zur Anerkennung und zum Einsatz für die Menschenrechte endet jedoch nicht an den Staatsgrenzen. Eine die Idee der Menschenrechte verwirklichende Gesellschaftsordnung wird erst erreicht sein, wenn diese Rechte weltweit anerkannt und geschützt werden. Davon sind wir noch weit entfernt.

(131) Die „Entdeckungsgeschichte" der Menschenrechte zeigt, dass sie stets in Reaktion auf elementare Unrechts- und Leiderfahrungen formuliert worden sind. Wo Menschen für die Leiden ihrer Mitmenschen wahrnehmungsfähig werden, beginnen sie zu fragen, auf welchen strukturellen Voraussetzungen solches Leid beruht und ob man ihm durch die Umgestaltung derjenigen sozialen und politischen Verhältnisse, die dieses Leid erzeugen oder begünstigen, abhelfen kann. Weil die Bedeutung menschenrechtlicher Sicherungen erst dann voll erfassbar wird, wenn man die Konsequenzen ihrer Beeinträchtigung erfährt, sind menschenrechtliche Mindestanforderungen stets verbesserungsbedürftig. Der geschichtliche Entwicklungsprozess macht eine kontinuierliche Fortentwicklung des Menschenrechtsschutzes notwendig.

(132) Dabei haben sich vor allem drei Arten von Menschenrechten herauskristallisiert:

- zum einen individuelle Freiheitsrechte, die den Schutz gegen Eingriffe Dritter oder des Staates in den Bereich persönlicher Freiheit gewährleisten: Religions-, Gewissens- und Meinungsfreiheit; Recht auf faire Gerichtsverfahren; Schutz der Privatsphäre und von Ehe und Familie; Freiheit der Berufstätigkeit und Freizügigkeit;

- zum anderen politische Mitwirkungsrechte, die Möglichkeiten eröffnen, selbst auf das öffentliche Leben Einfluss zu nehmen: Versammlungs- und Vereinigungsfreiheit, aktives und passives Wahlrecht, Pressefreiheit;

- schließlich wirtschaftlich-soziale und kulturelle Grundrechte, die den Anspruch auf Teilhabe an den Lebensmöglichkeiten der Gesellschaft begründen und Chancen menschlicher Entfaltung sichern: Recht auf Bildung und Teilnahme am kulturellen Leben, Recht auf Arbeit und auf faire Arbeitsbedingungen, Recht auf Eigentum, Recht auf soziale Sicherung und Gesundheitsversorgung, auf Wohnung, Erholung und Freizeit.

Die Gewährleistung dieser drei Arten von Rechten ist von unterschiedlichen Bedingungen abhängig. Umstritten ist insbesondere, inwieweit die wirtschaftlichen, sozialen und kulturellen Anspruchsrechte durch staatliche Maßnahmen gewährleistet werden können und sollen. Auf jeden Fall haben die Staaten die Verpflichtung, sich für die Realisierung dieser Rechte einzusetzen.

(133) Die Wahrnehmung der individuellen Grundrechte (z. B. Freiheit der Berufswahl) wird in vielen Fällen erst möglich durch soziale Teilhabechancen (z. B. öffentliche Bildung). Die für eine dynamische Wirtschaft und Gesellschaft nötige individuelle Lern-, Anpassungs-, Mobilitäts- und Wagnisbereitschaft wird durch eine Absicherung gegen elementare Lebensrisiken gefördert. Die Einrichtungen des Sozialstaates, die soziale Sicherung und das öffentliche Bildungs-, Gesundheits- und Sozialwesen haben sich daher zu einem konstitutiven Element der westlichen Gesellschaftsordnung entwickelt. Ihnen wird ein eigenständiger moralischer Wert zugesprochen, da sie das solidarische Eintreten für sozial gerechte Teilhabe aller an den Lebensmöglichkeiten verkörpern. Der Sozialstaat darf deshalb nicht als ein nachgeordnetes und je nach Zweckmäßigkeit beliebig zu „verschlankendes" Anhängsel der Marktwirtschaft betrachtet werden. Er hat vielmehr einen eigenständigen moralischen Wert und verkörpert Ansprüche der verantwortlichen Gesellschaft und ihrer zu gemeinsamer Solidarität bereiten Bürgerin-

Die christlichen Kirchen über Menschenrechte *(Fortsetzung)*

M 6

nen und Bürger an die Gestaltung des ökonomischen Systems. Dessen dauerhafte Leistungsfähigkeit und wachsender Ertrag sind wiederum Voraussetzungen dafür, dass die Einrichtungen des Sozialstaats finanzierbar bleiben.

(…)

(135) Die christliche Option für die Armen, Schwachen und Benachteiligten besteht gegenüber diesen Tendenzen auf der Pflicht der Starken, sich der Rechte der Schwachen anzunehmen. Dies liegt auch im langfristigen Interesse des Gemeinwesens und damit auch der Starken. Eine Gesellschaft, welche die nachwachsende Generation und deren Eltern vernachlässigt, stellt ihre eigene Zukunft aufs Spiel. Wer Arbeitslose und Ausländer ausgrenzt, verzichtet auf die Inanspruchnahme ihrer Fähigkeiten und Erfahrungen. Und wenn chronisch Kranken und Behinderten kein menschenwürdiges Leben ermöglicht wird, werden damit elementare Maßstäbe des Zusammenlebens in der Gesellschaft in Frage gestellt.

Kirchenamt der Evangelischen Kirche in Deutschland, Sekretariat der Deutschen Bischofskonferenz (Hg.) (1997): Für eine Zukunft in Solidarität und Gerechtigkeit. Wort zur wirtschaftlichen und sozialen Lage in Deutschland (Gemeinsame Texte Nr. 9, Hannover/Bonn 1997).

M 7

Jeremia 22,13–19

Das Drohwort im Königspalast

¹³ Weh dem, der seinen Palast mit Ungerechtigkeit baut, seine Gemächer mit Unrecht, der seinen Nächsten ohne Entgelt arbeiten lässt und ihm seinen Lohn nicht gibt, ¹⁴ der sagt: Ich baue mir einen stattlichen Palast und weite Gemächer. Er setzt ihm hohe Fenster ein, täfelt ihn mit Zedernholz und bemalt ihn mit Mennigrot.
¹⁵ Bist du König geworden, um mit Zedern zu prunken? Hat dein Vater nicht auch gegessen und getrunken, dabei aber für Recht und Gerechtigkeit gesorgt? Und es ging ihm gut.
¹⁶ Dem Schwachen und Armen verhalf er zum Recht. Heißt nicht das, mich wirklich erkennen? – Spruch des Herrn.
¹⁷ Doch deine Augen und dein Herz sind nur auf deinen Vorteil gerichtet, auf das Blut des Unschuldigen, das du vergießt, auf Bedrückung und Erpressung, die du verübst.
¹⁸ Darum – so spricht der Herr über Jojakim, den Sohn Joschijas, den König von Juda: Man wird für ihn nicht die Totenklage halten: „Ach, mein Bruder! Ach, Schwester!" Man wird für ihn nicht die Totenklage halten: „Ach, der Herrscher! Ach, seine Majestät!"
¹⁹ Ein Eselsbegräbnis wird er bekommen. Man schleift ihn weg und wirft ihn hin, draußen vor den Toren Jerusalems.

aus: Einheitsübersetzung der Heiligen Schrift © 1980 Katholische Bibelanstalt, Stuttgart

M 8

Oswald von Nell-Breuning (1890–1991)

Prof. Dr. Oswald von Nell-Breuning, SJ (1890–1991)

Die Soziallehre der Kirche erwächst aus dem, was das gesellschaftliche Leben an Fragen, insbesondere an Streitfragen aufwirft, und was es an Nöten und Ungerechtigkeiten erzeugt.

Wie die Kirche selbst, so ist auch die Soziallehre kein „System", sondern gehört dem Bereich des Tatsächlichen, des Geschichtlichen, des praktischen Lebens an, die allerdings immer an den Maßstäben des Gesetzes Gottes gemessen werden.

Wilhelm Emmanuel Freiherr von Ketteler (1811–1877)

Wilhelm Emmanuel wird am 25. Dezember 1811 als sechstes von neun Kindern adeliger Eltern in Münster geboren.

Nach erster privater Bildung im Elternhaus wird der Jugendliche in ein Internat der Jesuiten ins schweizerische Wallis geschickt. Nach seinem Jurastudium (1829–1833) arbeitet er als Jurist für den preußischen Staatsdienst.

Er scheidet aus dem Staatsdienst aus, nachdem er gegen die Verbannung des Kölner Erzbischofs protestierte. Er studiert in München Theologie und wird 1844 zum Priester geweiht.

1848 wird Pfarrer Ketteler Abgeordneter der Frankfurter Nationalversammlung. Im gleichen Jahr hält er im Mainzer Dom seine berühmten *Adventspredigten* über die „großen sozialen Fragen der Gegenwart". Er hat dabei „die damals herrschende Eigentumsauffassung angegriffen, den Egoismus vieler Besitzender und deren Kaltherzigkeit gegenüber der Not der Armen, insbesondere der Arbeiterschaft gegeißelt."[1] Er will aber das Eigentum nicht abschaffen, sondern betont, dass Eigentum verpflichtet. Entgegen der kirchlich vorherrschenden Meinung, die Notlage der Arbeiter nur durch Caritas zu beseitigen, setzte Ketteler auch auf eine aktive Interessenvertretung der Arbeiterschaft.

1850 wird er Bischof von Mainz. 1869 redet er vor 10 000 Arbeitern auf der Liebfrauenheide bei Offenbach. Dort ermuntert er sie, sich zu organisieren, „um nicht zertreten zu werden" von der Macht des Kapitals. Seine fünf Forderungen waren die Erhöhung des Arbeitslohns, die Verkürzung der Arbeitszeit, die Gewährung von Ruhetagen, das Verbot der Kinderarbeit und das Arbeitsverbot von Frauen und Müttern in Fabriken.

1871 erlangt er im 1. Deutschen Reichstag ein Mandat für das Zentrum.
Er stirbt auf der Rückreise aus Rom 1877 im Kapuzinerkloster Burghausen.

---

1 Marx, Reinhard (2008): Das Kapital. Eine Streitschrift. München: Pattloch, S.12 f.

Adolph Kolping (1811–1877)

Adolph Kolping wächst als Kind eines armen Schäfers auf, lernt das Schusterhandwerk und kommt als 18-jähriger Geselle nach Köln. Entsetzt über die menschenunwürdigen Lebensbedingungen in der Stadt, beschließt er Priester zu werden und zu helfen. Er besucht noch das Gymnasium, studiert Theologie in München und Bonn, wird 1845 zum Priester geweiht. Als Kaplan und Religionslehrer in Elberfeld beginnt sein Werk als „Gesellenvater", wo er Präses eines Vereins für junge Gesellen wird.

1849 gründet Kolping als Kölner Domvikar den Kölner Gesellenverein. Die Selbsthilfeorganisation will durch soziale Unterstützung und mit Freizeit- und Bildungsangeboten verhindern, dass unselbstständige Handwerker ins Proletariat abrutschen und sich dem Christentum entfremden. Schon bald hat der Verein 230 Mitglieder; es folgten weitere Vereine dieser Art im Rheinland und in Westfalen. 1853 wird in Köln das erste Gesellenhaus eröffnet, das wandernden Arbeitern eine ordentliche Unterkunft bietet.

1854 gründet Kolping mit den „Rheinischen Volksblättern" seine eigene Wochenzeitung, die schnell zu einem der erfolgreichsten katholischen Presseorgane jener Zeit wurde.

1862 wird Kolping Rektor der Minoritenkirche in Köln und noch im selben Jahr zum „päpstlichen Geheimkämmerer" ernannt.

Bei Adolph Kolpings Tod 1877 gab es fast 200 Ortsvereine mit 25 000 Mitgliedern, im Jahr 1879 zählten die Gesellenvereine bereits 70 000 Mitglieder; schließlich entstand das Kolpingwerk, das heute weltweit in 30 Ländern vertreten ist und über 350 000 Mitglieder hat.

Nach: Adolph Kolping – Ökumenisches Heiligenlexikon (2011). Online verfügbar unter http://www.heiligenlexikon.de/BiographienA/Adolf_Kolping.html, zuletzt geprüft am 08.03.2011.

Johannes Don Bosco (1815–1888)

Johannes Bosco wird als armer Bauernsohn geboren. Sein Vater stirbt, als er zwei Jahre alt ist, seine Mutter erzieht ihn in großer Armut. Mit neun Jahren hat er seine Berufungsvision: Er sieht in einem Hof eine Horde Gassenjungen; als er dazwischen fahren will, spricht ein vornehmer und von innen heraus leuchtender Mann zu ihm: „Stelle Dich an die Spitze der Jungen! Nicht mit Schlägen, sondern mit Milde, Güte und Liebe musst Du dir diese zu Freunden gewinnen."
1841 wird Bosco zum Priester geweiht und arbeitet in der Seelsorge an der Arbeiterjugend und an verwahrlosten Jugendlichen in Turin als „Don Bosco". Er richtet in benachteiligten Stadtvierteln Schulen ein, dazu Heime und Ausbildungsstätten, nutzt die Möglichkeiten der Presse und gibt Zeitschriften und Bücher heraus.

Don Bosco wird als fröhlich, witzig, heiter und immer wohlwollend geschildert. Bei Gefängnisexerzitien erwirkt er die ministerielle Sondererlaubnis, mit 300 Gefangenen einen unbewachten Ausflug zu machen. Keiner nutzte die Gelegenheit zur Flucht.

1846 gründet er das Oratorium vom Heiligen Franz von Sales und organisiert die Kongregation der Salesianer mit der Aufgabe der Erziehung schwieriger Jugendlicher. 1874 wird die Kongregation von Papst Pius IX. bestätigt. Mit Maria Mazzarello gründet er 1872 auch die Genossenschaft der Mariahilfschwestern.

Schon zu seinen Lebzeiten gab es 250 Häuser in Europa und Amerika, die in seinem Geist arbeiteten. 130 000 Jungen fanden darin ein Zuhause, jährlich wurden 18 000 Lehrlinge ausgebildet; 6000 Priester sind allein zu seinen Lebzeiten daraus hervorgegangen.

Die Salesianer Don Boscos sind heute mit 19 000 Mitgliedern einer der größten Männerorden und weltweit in der Erziehung und Betreuung schwer erziehbarer und verwahrloster Jugendlicher tätig.

Nach: Johannes (Don) Bosco – Ökumenisches Heiligenlexikon. Online verfügbar unter http://www.heiligenlexikon.de/BiographienJ/Johannes_Don_Bosco.htm, zuletzt geprüft am 08.03.2011.

M 12
Prinzipien der Katholischen Soziallehre

219. Nach dem obersten Grundsatz dieser Lehre muss der Mensch der Träger, Schöpfer und das Ziel aller gesellschaftlichen Einrichtungen sein. Und zwar der Mensch, sofern er von Natur aus auf Mit-Sein angelegt und zugleich zu einer höheren Ordnung berufen ist, die die Natur übersteigt und diese zugleich überwindet.

220. Dieses oberste Prinzip trägt und schützt die unantastbare Würde der menschlichen Person.

Mater et Magistra

38. (...) sie [die Solidarität] ist die feste und beständige Entschlossenheit, sich für das „Gemeinwohl" einzusetzen, das heißt, für das Wohl aller und eines jeden, weil wir alle für alle verantwortlich sind. Eine solche Entschlossenheit gründet in der festen Überzeugung, dass gerade jene Gier nach Profit und jener Durst nach Macht (...) es sind, die den Weg zur vollen Entwicklung aufhalten. (...)

Sollicitudo Rei Socialis

26. *Die Förderung des Gemeinwohls*
Aus der immer engeren und allmählich die ganze Welt erfassenden gegenseitigen Abhängigkeit ergibt sich als Folge, dass das Gemeinwohl, d. h. die Gesamtheit jener Bedingungen des gesellschaftlichen Lebens, die sowohl den Gruppen als auch deren einzelnen Gliedern ein volleres und leichteres Erreichen der eigenen Vollendung ermöglichen, heute mehr und mehr einen weltweiten Umfang annimmt und deshalb auch Rechte und Pflichten in sich begreift, die die ganze Menschheit betreffen.

Gaudium et Spes

79. Wenn es nämlich auch zutrifft, was ja die Geschichte deutlich bestätigt, dass unter den veränderten Verhältnissen manche Aufgaben, die früher leicht von kleineren Gemeinwesen geleistet wurden, nur mehr von großen bewältigt werden können, so muss doch allzeit unverrückbar jener höchst gewichtige sozialphilosophische Grundsatz festgehalten werden (...): wie dasjenige, was der Einzelmensch aus eigener Initiative und mit seinen eigenen Kräften leisten kann, ihm nicht entzogen und der Gesellschaftstätigkeit zugewiesen werden darf, so verstößt es gegen die Gerechtigkeit, das, was die kleineren und untergeordneten Gemeinwesen leisten und zum guten Ende führen können, für die weitere und übergeordnete Gemeinschaft in Anspruch zu nehmen; zugleich ist es überaus nachteilig und verwirrt die ganze Gesellschaftsordnung. Jedwede Gesellschaftstätigkeit ist ja ihrem Wesen und Begriff nach subsidiär; sie soll die Glieder des Sozialkörpers unterstützen, darf sie aber niemals zerschlagen oder aufsaugen.

Quadragesimo Anno

M 13

Prof. Dr. Claus Hipp

- * 22.10.1938 in München als zweites von sieben Kindern, verheiratet, fünf Kinder
- Ludwigsgymnasium München
- Jura-Studium und Promotion
- Neben dem Studium ab 1960 mit der Leitung eines landwirtschaftlichen Betriebes betraut, der bis heute bewirtschaftet wird
- 1963 Eintritt in die väterliche Firma, die Säuglingsnahrungsmittel herstellt
- 1968 Übernahme der Geschäftsleitung im Familienunternehmen
- Seit 1970 als freischaffender Künstler tätig (www.nikolaus-hipp.de), Ordentlicher Professor der Staatlichen Kunstakademie in Tiflis, Georgien
- Mehrere Auszeichnungen, u. a. Bayerischer Verdienstorden (1990), Euronatur-Umweltpreis (2001), Deutscher Gründerpreis für herausragende Leistungen als Unternehmer (2005), Bayerische Verfassungsmedaille in Gold (2011)
- Buchpublikationen:
  - Die Freiheit, es anders zu machen. Mein Leben, meine Werte, mein Denken (2008)
  - Agenda Mensch: Warum wir einen neuen Generationenvertrag brauchen (2010)

M 14
Unternehmensleitbild HiPP

1. HiPP ist ein Familienunternehmen, das auf lautere Weise Erfolg haben will. Christliche Verantwortung soll unser Handeln prägen.
2. HiPP ist einer der führenden Hersteller von wohlschmeckenden und gesunden Lebensmitteln. Babys und Kinder sind unsere wichtigsten Verbrauchergruppen. Die Qualität und Sicherheit der Rohstoffe sind für uns von entscheidender Bedeutung. Deshalb setzen wir konsequent unsere Pioniertätigkeit im kontrollierten biologischen Landbau fort.
3. Das ständige Streben nach kundengerechter Spitzenqualität prägt das Handeln von HiPP. Qualität heißt für uns: beste Rohstoffe, höchste Sorgfalt und schonendste Herstellungsverfahren. Für ein Höchstmaß an Produktsicherheit sorgt ein umfassendes Qualitätssicherungssystem.
4. HiPP ist international tätig. Von unserer Basis in Deutschland und Österreich streben wir eine verstärkte Internationalisierung an.
5. Die Zusammenarbeit mit leistungsfähigen Kunden soll partnerschaftlich, solide und langfristig sein.
6. Unsere Lieferanten beeinflussen mit ihrer Leistungsfähigkeit, Zuverlässigkeit und Sorgfalt die Qualität unserer Produkte. Ihre Leistungen honorieren wir mit konsequenter, fairer Einkaufspolitik und langfristiger Zusammenarbeit.
7. Eine gesunde Umwelt ist auch in Zukunft Voraussetzung für die Herstellung gesunder Lebensmittel. Wir gehen deshalb beim Umweltschutz in allen Bereichen bewusst weit über die gesetzlichen Auflagen hinaus.
8. Wir bejahen den Wettbewerb und treten unseren Konkurrenten fair entgegen.
9. Wir bekennen uns zur Sozialen Marktwirtschaft und bemühen uns aktiv um die Erhaltung und sinnvolle Ausgestaltung unternehmerischer Freiräume. Aus dieser Verantwortung pflegen wir eine konstruktive Zusammenarbeit mit staatlichen Institutionen auf allen Ebenen, den Interessenverbänden und der Öffentlichkeit. Soziales und kulturelles Engagement ist für uns dort eine Verpflichtung, wo auch der bestorganisierte Sozialstaat nicht ausreicht.
10. Alle Mitarbeiter tragen mit ihrem Können, ihrem Einsatz und ihrer Sorgfalt entscheidend zum Erreichen unserer Unternehmensziele bei. Die Verbesserung der Qualifikation und eine leistungsgerechte Beurteilung und Entlohnung sind uns deshalb wichtige Anliegen. Das gezielte Training unserer Führungskräfte und Nachwuchskräfte hat einen hohen Stellenwert.
11. Unsere Führungsprinzipien beruhen auf zielorientiertem Handeln und Entscheiden. Wir erwarten auf allen Ebenen ein professionelles, wirtschaftliches Handeln, sparsamen Umgang mit den anvertrauten Gütern und eine unternehmerische Einstellung, die eine nur abteilungsbezogene oder egoistische Haltung verhindert.
12. HiPP strebt nach guter Ertragskraft, um Existenz und Wachstum als ein selbstständiges Familienunternehmen dauerhaft zu sichern.

© *Hipp Werke Georg Hipp OHG*

III. Dimensionen der Zukunft – Gestaltungsauftrag für die Gegenwart

Vorüberlegungen:

Das Kapitel 12.3 ist gemäß dem didaktischen Dreischritt „Wahrnehmen – Denken – Handeln" in drei Lernphasen aufgebaut. In der 1. Lernphase erarbeiten die S eigene Lebensvisionen und skizzieren mögliche Zukunftskontexte und deren Auswirkungen. In der 2. Lernphase bilden säkulare Zukunftsvorstellungen und die christliche Eschatologie den didaktischen Schwerpunkt. In der 3. Lernphase erarbeiten die S Impulse aus der christlichen Zukunftserwartung für ihren Umgang mit Zeit und Welt.

1. Bilddoppelseite (S. 66/67)

Lernziele:

- einen Überblick über die Bandbreite und Bedeutung des Themas gewinnen
- das Verhältnis zwischen Vergangenheit – Gegenwart – Zukunft reflektieren

Hinweise für den Unterrichtsverlauf:

Vorbereitung:

Plakate/Zeitschriften

Einstieg:

S betrachten die Doppelseite und reflektieren die Lebensvisionen der Schülerstatements.

Die meist pessimistischen Lebensvisionen provozieren und regen zum Austausch über eine optimistischere Zukunftsschau an.

Erarbeitung:

S gestalten eine Collage ihrer Lebensvisionen und Zukunftskontexte unter der Maßgabe „Hoffnungen und Ängste".

Vertiefung:

S diskutieren die Frage nach dem Verhältnis von Vergangenheit – Gegenwart – Zukunft. Diese Frage kann auch materialgestützt mit M 1 (→ S. 65) bearbeitet werden.

2. Unsere Zukunft angesichts der neuen Informations- und Kommunikationstechnologien (S. 68/69)

Lernziele:

- negative und positive Folgen des Computerzeitalters erkennen
- die Ambivalenz des Computerzeitalters bewerten

Hinweise für den Unterrichtsverlauf:

Einführung:

Erklären und Besprechen des Diagramms und der Umfrage.

S formulieren und diskutieren ihr eigenes Internetverhalten und stellen in EA ihr Ranking auf. Im Anschluss erarbeiten sie eine Liste über die Vor- und Nachteile des Internets, die als TA gesichert werden können.

Mögliche TA:

> \+ Informationsquelle
> \+ Raum der Kommunikation
> \+ Austausch in einer globalisierten Welt
>
> – gläserner Mensch
> – vermeintliches Wissen (Hierarchisierung durch Suchprogramme)
> – Werteverlust (Ehrlichkeit im Netz)
> – Verlust der Identität
> – falsche Selbstdarstellungen

Erarbeitung 1:

S lesen die „Prophezeiung" Joseph Weizenbaums auf S. 68 und sammeln die Gefahren, die Weizenbaum benennt (AA 1): Computer als „virtueller" Mensch stellt die Besonderheit des Menschen, seine Freiheit und Würde in Frage; es entsteht eine Welt ohne Werte.

Erarbeitung 2:

S lesen und diskutieren die positiven und negativen Folgen des Internetzeitalters (AA 1 und AA 2) anhand des Interviews mit Prof. Dr. Klaus Müller.

Mögliche TA:

> Negative Folgen: „Babel-Infokalypse":
> – Der Sprachverwirrung der babylonischen „Infokalypse" führt zu einer Explosion von Sprachen und Informationssystemen (s. Zitat: Neil Postman)

- der Nutzer verliert sich in der Virtualität des Netzes (Funktionsverlust des Körperlichen),
- der Mensch maßt sich Gottesattribute an,
- der gläserne und verfügbare Mensch (Internetblogs, ständige Erreichbarkeit),
- Hierarchisierung der Nutzer durch Programmierungs-/Userkompetenzen

Positive Folgen:
+ Die Netznutzer können sich durch die elektronischen Medien wie facebook weltweit verständigen,
+ die frühchristliche Praxis der Gütergemeinschaft zeigt sich in non-profit-Engagements, die wie wikipedia Wissen und Software frei zur Verfügung stellen,
+ die Verknüpfung aller durch einen verständlichen Code baut alle Kommunikationsbarrieren ab.

Vertiefung:

Die religiösen Implikationen der neuen Medien mit der Hoffnung auf eine durch die neuen Medien verbundene Gemeinschaft ohne soziale Schranken, aber auch die Gefahr einer „Infokalypse" kann anhand M 2 (→ S. 66) und M 3 (→ S. 67) erarbeitet werden.

Hausaufgabe:

Falls unmittelbar mit „Zukunftsperspektiven: Futurologie" (S. 72/73) fortgesetzt wird: Als mögliche Hausaufgabe für die Folgestunde übernehmen zwei S die auf S. 73 vorgeschlagene Rechercheaufgabe arbeitsteilig als Kurzreferat.

Der passende Internetlink: www.fazit-forschung.de/delphi3.html, dort Link.

3. Deutschlands demografische Entwicklung (S. 70/71)

Lernziele:

- die Bevölkerungsentwicklung Deutschlands analysieren
- Reformnotwendigkeiten ableiten und Lösungsmöglichkeiten bewerten

Hinweise für den Unterrichtsverlauf:

Einführung:

S setzen sich mit den Klischees und der Bevölkerungsentwicklung (s. Tortendiagramm) auseinander (s. AA 1–4).

Erarbeitung:

S lesen den Text und erarbeiten die zentralen Herausforderungen a) „demografischer Wandel", b) „die Erosion alter Solidaritätsformen" und c) „die strukturelle Arbeitslosigkeit".

Der Wandel des Sozialstaats und die demografische Entwicklung führen u. a. zu folgenden Herausforderungen:

Mögliche TA:

Herausforderungen an den Sozialstaat
- die Bekämpfung der wirtschaftlichen Armut durch Arbeitslosigkeit
- die Effektivität der Alterssicherung (s. Karikatur)
- die gleichen Lebenschancen für zukünftige Generationen
- Akzeptanz einer älter werdenden Gesellschaft

Der Text aus dem Schulbuch kann mit M 4 (→ S. 68) und M 5 (→ S. 69) erweitert werden.

Vertiefung:

AA 3

Mögliche TA:

Solidaritätsprinzip:
- die Unternehmen übernehmen nachhaltig Verantwortung für ihre Mitarbeiter (z. B. Betriebsrenten)
- Familien sind bereit, Solidarität untereinander zu üben
- Mindestlöhne, Kombilöhne werden eingeführt

Subsidiaritätsprinzip:
- der Staat fördert die Organisation von Selbsthilfe durch „geringfügige Beschäftigung"
- der Staat fördert die Organisation von Selbsthilfe durch Bildung und Fortbildung

Hausaufgabe:

Mögliche Hausaufgabe für die Folgestunde: Zwei S übernehmen die auf S. 73 vorgeschlagene Rechercheaufgabe arbeitsteilig als Kurzreferat.

Der passende Internetlink: www.fazit-forschung.de/delphi3.html, dort Link.

4. Zukunftsperspektiven: Futurologie (S. 72/73)

Lernziele:

- den Beitrag der (Natur-)Wissenschaften zur Planung und Gestaltung der Zukunft kennenlernen
- sich mit der Begrenztheit dieses Ansatzes auseinandersetzen und die Notwendigkeit einer ganzheitlichen Betrachtung reflektieren

III. Dimensionen der Zukunft – Gestaltungsauftrag für die Gegenwart

Hinweise für den Unterrichtsverlauf:

Vorbereitung:

Bereitstellung einer Folie mit einer ausgewählten Karikatur zum Thema „Computer" (Vorschläge: M 6 (→ S. 70) oder M 7 (→ S. 71), falls man sich dafür entschieden hatte, nur die Doppelseite zum Thema „Unsere Zukunft angesichts der neuen Informations- und Kommunikationstechnologien" für den Unterricht auszuwählen.

Einstieg:

S betrachten die Karikatur auf S. 72. Anhand des Arbeitsauftrags werden die Inhalte der Vorstunde wiederholt, zusätzlich werden neue Problemfelder benannt. Diese Überlegungen können unter Heranziehung der Info-Box vertieft werden, wobei die S (vgl. die Arbeitsaufträge) auch zu fächerübergreifenden Überlegungen aufgefordert sind.

Sollte man – im Anschluss an die Doppelseite S. 68/69 – eine der alternativ angebotenen Karikaturen M 6 oder M 7 gewählt haben, ist ebenfalls die Wiederholung der Inhalte der Vorstunde möglich. Anschließend sollten sich die S mit der Frage auseinandersetzen, welche Konsequenzen die in den Karikaturen angesprochene Kommunikationsscheu der Menschen für die Bewältigung der Zukunft hat.

Die Heranziehung der Info-Box (s. o.) lässt sich daran anschließen.

Erarbeitung:

Die Erarbeitung des Lehrtextes auf S. 72 anhand der Arbeitsaufträge sollte am besten in PA geschehen und in kleine Präsentationen münden, aus denen die Gedanken des Textes und die zusätzlich genannten Gesichtspunkte gesammelt werden.

Die im Anschluss vorgeschlagene Recherchearbeit im Internet kann entweder in Form von Kurzreferaten (Hausaufgabe in der jeweiligen Vorstunde) herangezogen werden oder in PA am Computer erledigt werden (passender Internetlink: www.fazit-forschung.de/delphi3.html, dort Link).

Bei Zeitnot bietet sich der Verzicht auf Referate oder Recherche zugunsten der Präsentation von M 8 (→ S. 72) an. Hieraus lässt sich für die S die schnelle Überholbarkeit von Problemstellungen und Prognosen ablesen.

Vertiefung:

Ohne Schwierigkeiten gelangt man von daher unter Einbeziehung des Bildes (kurze Erläuterung: M 9 → S. 73) zu den Gedanken des Textes von Hans Jonas. Das Beispiel sollte man dem bisherigen Unterrichtskontext entnehmen, die Arbeitsaufträge können arbeitsteilig in EA bewältigt werden. Anschließend sollten zwei S präsentieren, die übrigen S können jeweils ergänzen.

Für die Folgestunde:

Als Hausaufgabe (arbeitsteilig) sollte die Betrachtung je einer Folge von „Star Trek" oder „Babylon 5" vergeben werden.

5. Zukunftsperspektiven: Utopie
(S. 74/75)

Vorbemerkung:

Bei Zeitnot lassen sich die Doppelseiten „Zukunftsperspektiven: Utopie" und „Utopie in biblischen Texten" auch kombinieren.

Empfehlenswert ist dann folgendes Vorgehen: Einstieg mit einem literarischen Text [„Schöne neue Welt" auf S. 75 oder M 10 (→ S. 74 f.) (s. u.)], Einbezug der Hausaufgabe (s. o.) in Form von kurzen Berichten der S, Bild und Text zum Exodus auf S. 76 und Vertiefung mit Jes 2,2–4 (dazu Arbeitsaufträge und Bilder auf S. 77).

Lernziele:

– den Begriff der Utopie kennenlernen
– negative und positive Utopien voneinander abgrenzen können
– ein Gespür für die Funktion und die bewegende Kraft von Utopien entwickeln

Hinweise für den Unterrichtsverlauf:

Einstieg:

Die Lektüre des Textes aus „Schöne neue Welt" soll zusammen mit den Informationen der Info-Box den Begriff der Utopie klären helfen. Beiträge der S z. B. zur Hausaufgabe aus der letzten Stunde oder auch zu anderen, etwa aus dem Deutsch- oder Englischunterricht bekannten literarischen Utopien ermöglichen Rückschlüsse auf die Funktion und die verschiedenen Arten von Utopien. Die als M 10 beigefügte Alternative (Platon, Politeia) sollte nur gewählt werden, wenn grundlegende Vorkenntnisse beim Lehrer vorhanden sind, die zu ergänzen hier den Rahmen sprengen würde.

Erarbeitung:

Der anspruchsvolle Text von Ernst Bloch sollte anhand der beiden ersten Arbeitsaufträge auf seine Grundgedanken hin untersucht werden. Die anschließende Rückbindung auf die in der Einstimmungsphase erzielten Ergebnisse sollte im Unterrichtsgespräch erfolgen, wobei die Gegenüberstellung am besten in einem geeigneten Tafelbild fixiert wird (Vorschlag: M 11 → S. 76), das zusätzlich um die Ergebnisse der Folgestunde (bereits integriert) erweitert werden kann.

Vertiefung:

Die Bewertung des Textes von Haldane bündelt die bisher erzielten Ergebnisse. Hier bietet sich ein kleines Podiumsgespräch zwischen Haldane, Bloch und einem Theologen an.

6. Utopie in biblischen Texten
(S. 76/77)

Lernziel:

– sich mit der Wirkungsgeschichte biblischer Utopien auseinandersetzen

Hinweise für den Unterrichtsverlauf:

Einstieg:

In eine Reflexion über das Bild „Die Rose von Auschwitz" können die in der Vorstunde besprochenen Gedanken von Ernst Bloch eingebunden werden.

Erarbeitung:

Die Gedanken des angebotenen Textes von Jürgen Moltmann greifen diesen Standpunkt nochmals auf. Hier sollte (vgl. AA) nochmals das Bild mit in Betracht gezogen werden, um die Verantwortlichkeit des Christen in der Welt zu verdeutlichen.

Vertiefung:

Vertieft werden sollte dies an den beiden prophetischen Texten und der durch die Bildangebote illustrierten Übertragung in die Gegenwart.

Der Zusammenhang mit der jüngeren deutschen Geschichte muss u. U. durch einen kurzen LV plastisch gemacht werden (im Internet unter dem Stichwort „Schwerter zu Pflugscharen" zugänglich) und sollte im Rückgriff auf den Text von Moltmann ein aktuelles Beispiel der Gegenwart mit einbeziehen. Diese Auseinandersetzung kann nach arbeitsteiliger Erarbeitung der Bibeltexte gut in einer Diskussion unter Moderation eines S geschehen.

Für die Folgestunde:

Die S (oder ein S in Form eines qualifizierten Beitrags) sollen sich über den Film „Deep Impact" informieren.

7. Eschatologische Vorstellungen: Prophetie und Apokalyptik
(S. 78/79)

Lernziel:

– sich mit den vielfältigen eschatologischen Vorstellungen im AT auch im Hinblick auf deren Wirkungsgeschichte vom NT bis heute auseinandersetzen

Hinweise für den Unterrichtsverlauf:

Einstieg:

Das angebotene Bild von Wolfgang Lettl wirkt für die Diskussion der S sehr anregend, da es insbesondere bezüglich der Funktion der männlichen Figur links und dem Abbruch der „Brücke" äußerst kontroverse Meinungen gibt, die natürlich zugelassen werden müssen. Insofern liegt die Moderation der Diskussion am besten in der Hand eines S. L sollte sich lediglich einbringen, wenn kontroverse Meinungen nicht zugelassen werden. Die Ergebnisse sollten in Form einer Mindmap oder als Stichworte an der Tafel notiert werden.

Erarbeitung:

Die Informationen der Info-Box können in EA zur Kenntnis genommen werden, wobei sich anschließend ein LSG zum Vergleich mit den Ergebnissen der Bildbetrachtung anbietet. Dies kann in die Überlegungen zum Film „Deep Impact" (zu dem die Informationen von S eingebracht werden) münden. Die Abgrenzung von den apokalyptischen Vorstellungen der Bibel wird in das von jetzt an entwickelte Tafelbild (Vorschlag: **M 12** → S. 77) eingebracht, wobei auch der Vergleich zu den auf der Tafel fixierten Ergebnissen der Einstimmung mit herangezogen werden kann. Je nach Zeitrahmen wird man den S Gelegenheit geben, ihre eigenen Zukunftsvorstellungen in Form einer Collage (AA 3) zu gestalten; ansonsten wird man sich auf den einfacheren Gestaltungsauftrag am Schluss der nächsten Doppelseite beschränken, der auch in eine Hausaufgabe münden kann. Die folgenden Arbeitsaufträge (zu Amos und zur Markusperikope) bieten sich für eine arbeitsteilige PA an, die in kurze Präsentationen mit paralleler Erweiterung des Tafelbildes münden wird.

Vertiefung:

Der Text aus dem Interview mit dem damaligen Kardinal Joseph Ratzinger wird gelesen, anschließend werden die drei Gefahren formuliert und im Tafelbild ergänzt. Gedanken aus der anschließenden Diskussion („begründete Auseinandersetzung") können zusätzlich aufgenommen werden.

III. Dimensionen der Zukunft – Gestaltungsauftrag für die Gegenwart

8. Die Reich-Gottes-Verkündigung Jesu (S. 80/81)

Vorbemerkung:

Zu diesem Thema ist im Sinne nachhaltigen Lernens in besonderer Weise ein Rückgriff auf das Grundwissen der S erforderlich. Wer sich der Präsenz dieses Grundwissens nicht sicher ist, sollte den S die entsprechenden Grundwissensblätter zu 10.3 und 7.2 ergänzend zur Verfügung stellen.

Sollte man dem unten skizzierten Vorschlag folgen, ist weiter die Vorbereitung von bunten Farbkartons und eines Plakates angezeigt.

Lernziel:

– sich die neue, über die Verheißungen des AT hinausreichende Dimension der Reich-Gottes-Botschaft Jesu bewusst machen und diese von anderen eschatologischen Vorstellungen abgrenzen

Hinweise für den Unterrichtsverlauf:

Einstieg:

Die Betrachtung des angebotenen Bildes von Janet Brooks-Gerloff führt zur Wegthematik, die sowohl im Text von Nocke wie in Lk 24,13–34 angesprochen ist.

Erarbeitung:

Die S erhalten den Auftrag, in PA den Text von Nocke und die neutestamentliche Perikope zu erklären. Dabei ist an Tandemarbeit gedacht, d. h. dass einer der Partner den Text, der andere die Perikope bearbeitet. Anschließend erklären sie sich – unter Einbeziehung der biblischen Belege auf S. 80 – gegenseitig das Gelesene und erarbeiten den Zusammenhang. Zur Auswertung wird man ein Paar präsentieren lassen, die übrigen S können korrigieren und ergänzen. Die aus dieser Phase resultierenden Begriffe und Aussagen, wie z. B. „Nachfolge", „Umkehr", „Das Reich Gottes ist mitten unter euch", lassen einerseits den Vergleich mit dem Ansatz der Apokalyptik zu (hierzu integrierte Wiederholung der Erkenntnisse aus der Vorstunde), andererseits sollten sie zur Anlage einer Übersicht durch die S auf den vorbereiteten bunten Kartons festgehalten werden. Weitere Begriffe werden im Anschluss in EA eines Teils der Unterrichtsgruppe aus der angebotenen Taizépredigt entnommen, während der andere Teil den Inhalt der im dritten Arbeitsauftrag verzeichneten Bibelstellen notiert und ordnet.

Hilfsmittel zur Ordnung ist die Grundstruktur von M 13 (→ S. 78), die auf dem Plakat (oder der Tafel) vorzugeben wäre.

Das Plakat (die Tafelanschrift) sollte (ggf. und wenn notwendig auf der Grundlage eines LSG) in der vorgeschlagenen Form ergänzt und zusätzlich mit den gefundenen Stichworten auf den bunten Kartons angereichert werden.

M 13 enthält Zuordnungsvorschläge. Die Formulierung des Begriffs „Eschatologischer Vorbehalt" ergibt sich aus den in den Texten gefundenen Begriffen.

Vertiefung:

Die Abgrenzung von den anderen eschatologischen Ansätzen kann arbeitsteilig durch Anfertigung von Skizzen geleistet werden. Der Auftrag für Skizzen zur Apokalyptik und zur innergeschichtlichen Eschatologie der Prophetie kann auch bereits während der ersten Erarbeitungsphase an eine Teilgruppe gegeben werden.

9. Worauf dürfen wir hoffen?
(S. 82/83)

Vorbemerkung:

Wenn die angebotenen Zusatzmaterialien eingesetzt werden, wird der Zeitbedarf eine Stunde überschreiten. Dies kann dann durch eine Kürzung bei der Behandlung der nächsten Doppelseite (dort aufgeführt) aufgefangen werden. Wenn man sich für die Angebote auf der Doppelseite ohne Zusatzmaterialien entscheidet, wird man das Bild von Hieronymus Bosch als Überleitung von den biblischen Bildern zum Text von Rahner – wie in den Arbeitsaufträgen vorgegeben – benutzen. Bei der vorgeschlagenen längeren Variante verzichtet man auf dieses Bild.

Lernziel:

– sich die Bildhaftigkeit der biblischen Aussagen bewusst machen und sich mit deren Berechtigung, aber auch deren Grenzen auseinandersetzen

Hinweise für den Unterrichtsverlauf:

Einstieg:

Ausgehend vom angebotenen Text können die S eigene Vorstellungen entwickeln. Eine Alternative zur abgedruckten Symbolgeschichte wird als M 14 (→ S. 79) angeboten. Weitere Alternativen sind z. B. unter dem Stichwort „Hoffnung" in den bekannten „Kurzgeschichten" von Willi Hoffsümmer zugänglich. Die Lösungsmöglichkeiten der S sollten als Brainstormingergebnis stichpunktartig an der Tafel gesammelt werden, um sie später mit den biblischen Bildern vergleichen zu können.

Erarbeitung:

Die beispielhaft angegebenen biblischen Bilder werden arbeitsteilig nachgeschlagen und zu den vorher selbst gefundenen Bildern in Beziehung gesetzt. Daraus ergibt sich z. B. die Abhängigkeit der Bilder von Wünschen und Vorstellungen der Menschen und vom Kulturkreis, was parallel zum Unterrichtsgespräch auf der Tafel gesichert wird (Vorschlag für ein Tafelbild: M 15 (→ S. 79). Entscheidet man sich für die zeitlich etwas umfangreichere Variante der Stunde, würde man jetzt das ebenfalls aus dem Hortus deliciarum stammende Gegenbild einsetzen (M 17 → S. 81) und zwar so abgedeckt, dass zunächst nur der Antichrist rechts unten aufscheint. Wenn der deutliche Zusammenhang mit der im Buch auf S. 82 abgedruckten Darstellung vom „Schoß Abrahams" geklärt ist, wird das Bild vollständig aufgedeckt. Die im Mittelalter üblichen Darstellungen von Feindbildern (in den Kesseln) dürften zu Missverständlichkeiten keinen Anlass geben, wenn man diese im Anschluss dem Text von Greshake (M 16 → S. 80) gegenüberstellt, was in EA geschehen kann.

Vertiefung:

Dass es um Ernsthaftigkeit, um Entscheidungen und um Aufforderung zum Handeln geht, lässt sich anschließend am abgedruckten Text von Karl Rahner verdeutlichen, dessen beide Teile in PA vergeben werden sollten. Die beiden Partner erklären sich die Texte gegenseitig und bringen ihre gemeinsamen Ergebnisse in die Ergebnissicherung auf der Tafel ein, wobei andere S ergänzen können.

10. Der Grund unserer Hoffnung
(S. 84/85)

Vorbemerkung:

Hat man für die vorangegangene Doppelseite die ausführlichere Variante gewählt, bietet sich für diese Doppelseite die folgende Kürzung an:

Man beginnt mit der Bildbetrachtung des „Mauerchristus".
(Hinweis: S haben darauf aufmerksam gemacht, dass man sich das Bild „zusammengeschoben" vorstellen solle und zwar von oben nach unten und von rechts und links zur Mitte hin. Dann entsteht eine Dornenkrone, in deren Mitte einige sogar ein Gesicht sehen. Diese Idee ist insofern sehr bemerkenswert, als die Verbindung von Tod und Auferstehung sofort aufscheint (vgl. dazu auch die „Kreuzabnahme" von Max Beckmann in LG 11, S. 97, und dessen Kontext als Anlass zur anknüpfenden Wiederholung).) Von da könnte man sofort zu den beiden paulinischen Texten und zum Zusammenhang mit der Reich-Gottes-Lehre Jesu übergehen. Eine Vertiefung zu einem erweiterten Auferstehungsbegriff ist abschließend durch das Gedicht von Kurt Marti möglich.

Lernziel:

– sich der zentralen Glaubensaussage von der Auferstehung als dem Grund unserer Hoffnung annähern und den Zusammenhang mit der Auferstehung aller Menschen reflektieren

Hinweise für den Unterrichtsverlauf:

Vorbereitung:

Man benötigt u. U. Folien für Präsentationen.

Einstieg:

Wie schon für eine verkürzte Variante vorgeschlagen, sollte die Einstimmung durch die Bildbetrachtung des „Mauerchristus" erfolgen (kurze Hinweise dazu: s. o.), um von da auf die beiden paulinischen Texte überzuleiten.

Erarbeitung:

Um auf die Bedeutung der Auferstehung im und für das Leben aller Christen überzuleiten, sollte man zunächst das Gedicht von Kurt Marti und den Text von Nocke arbeitsteilig vergleichen lassen. Auch dazu empfiehlt sich wieder das Partnertandem, in dem ein S den Text, der andere S das Gedicht übernimmt und die S anschließend ihre Ergebnisse miteinander diskutieren und vergleichen. Dies mündet in kleine Präsentationen, zu deren Vorbereitung man am besten Folien zur Verfügung stellt, damit wesentliche Elemente als Ergebnis in die Aufzeichnungen der S übernommen werden können.

Im Plenumsgespräch lassen sich die Präsentationen ergänzen. Ggf. wäre der erweiterte Begriff von Auferstehung, wie er im Gedicht von Kurt Marti aufscheint, mit einer Reflexion über die Reich-Gottes-Lehre Jesu zu verbinden, falls dies die S nicht bereits geleistet haben.

Vertiefung:

Die Betrachtung des abgebildeten Fotos lenkt zur Vorstellung von der leiblichen Auferstehung, die nicht völlig ausgespart werden sollte. Der Text von Pemsel-Maier, der in EA gelesen werden kann, bietet eine Lösung des Problems an, sollte aber im Sinn des dritten Arbeitsauftrages mit den S diskutiert werden. Dies ist Anknüpfungspunkt für die Überlegungen der Folgestunde.

11. Die Vollendung der Welt (S. 86/87)

Lernziel:

– die christliche Vorstellung von der eschatologischen Vollendung auf der Basis der biblischen Gerichtsankündigung reflektieren

III. Dimensionen der Zukunft – Gestaltungsauftrag für die Gegenwart

Hinweise für den Unterrichtsverlauf:

Vorbereitung:

Möchte man den Gestaltungsauftrag in den Unterricht einbeziehen, benötigt man entsprechendes Material (Plakat; evtl. Farbkopie des ausgewählten Hungertuchs, mit dem man arbeiten möchte. Informationen und Vorlagen zum abgebildeten Hungertuch findet man unter www.albertusmagnus-archiv.de/hungtuch/tuch_1998.htm. Zum jeweils aktuellsten Hungertuch sollte man www.misereor.de/aktionen/hungertuch.html in Betracht ziehen).

Einstieg:

Der Vortrag der Kurzgeschichte aus einer der Sammlungen von Willi Hoffsümmer bietet Anlass, die Vorstellung von einem barmherzigen Gott zu reflektieren und mit biblischen Beispielen zu belegen. Im Rückgriff auf die Schlussgedanken der Vorstunde führt der zweite Arbeitsauftrag zur Rede vom Gericht.

Erarbeitung:

Der Blick sollte zunächst darauf gelenkt werden, dass Gerichtsvorstellungen einerseits unserer menschlichen Vorstellung von Gerechtigkeit entgegenkommen, dass sie andererseits im Umfeld der Entstehung der Bibel selbstverständlich waren. Dies belegt die illustrierende Abbildung. Die daraus resultierende Frage nach der Bedeutung der Gerichtsrede Mt 25,31–46, die im Lehrplan als verpflichtend zu behandelde Bibelstelle ausgewiesen und daher einzubeziehen ist, wird durch einen Vergleich mit Ez 34,17–22 eingeleitet.

Hinweise zu den Arbeitsaufträgen:

Der Gedanke von der Erfüllung der Verheißungen des AT im NT ist bereits in der Stunde zu „Prophetie und Apokalyptik" (vgl. dazu auch **M 12** → S. 77) aufgegriffen worden. Der Zusammenhang damit sollte an dieser Stelle hergestellt werden.

Zu Ezechiel: Ezechiel gliedert sein prophetisches Werk in den eschatologischen Dreischritt Gerichtsworte gegen das eigene Volk – Fremdvölkersprüche – Heil für das eigene Volk. Er gehört wohl zu einer Gruppe von Deportierten, die von Nebukadnezar II. nach der ersten Belagerung und Einnahme Jerusalems 598/597 v. Chr. nach Babylon verbracht wurden. Nach der Zerstörung Jerusalems 587 v. Chr. wendet sich seine unerbittliche Gerichtsankündigung gegen das Haus Israel zunehmend in eine Heilsverkündigung. Nach Ezechiel ist jeder Einzelne selbst verantwortlich für das Tun von Recht oder Unrecht. Nachdem Gott aber keinen Gefallen am Tod von Gottlosen hat, eröffnet er den Weg zur Umkehr (Ez 33,11–16) und zu neuem Leben.

Für das Matthäusevangelium gilt entsprechend, dass es unter dem Eindruck der Zerstörung Jerusalems 70 n. Chr. steht. Seine Komposition orientiert sich am Leben Jesu, stellt aber letztlich einen größeren Zusammenhang her, nämlich vom AT her die Geschichte Gottes mit dem Menschen Jesus und mit den Menschen überhaupt.

Ez 34 wird große Hirtenrede genannt. Das Bild des Hirten steht im Umfeld der Bibel für den politisch-irdischen Führungsanspruch von Königen oder Fürsten, letztlich aber für Gott selbst. Ezechiel rechnet als Sprachrohr Gottes mit den schlechten Hirten ab, nämlich der führenden Oberschicht, die sich auf Kosten des Volkes bereichert hat. Diese mangelnde Solidarität duldet Gott nicht länger und nimmt selbst das Hirtenamt wahr, indem er Schafe und Böcke, Täter und Opfer, trennt.

Auch das jüdische Volk litt unter der Unterdrückung durch Rom und auch unter der mangelnden Solidarität der Oberschicht, die sich mit Rom gemein gemacht hatte und zusah, dass das Volk durch Zölle und Abgaben immer mehr verarmte.

Ez 34 und die Rede vom Weltgericht erinnern daran, dass Gott Recht schaffen wird zwischen schwachen und starken Menschen.

„Zur Rechten [Gottes] stehen in Mt 25,31 f. zusammen mit den Schwachen und Opfern die, die sich von der Not betreffen lassen, die mitleiden (wie der barmherzige Samariter in Lk 10,33 oder Gott selbst in Hos 11). Sie sind aktiv, schöpferisch tätig und unternehmen Schritte zur Linderung des Leids und zur Heilung der Bedürftigen. Zusammen mit den Opfern bilden sie die solidarische Menschen-Gemeinschaft, die in ihrer Com-passion gemeinsam in Richtung Heilung und Vollendung der wartenden Schöpfung voranschreitet." (Bettina Eltrop, Das Jüngste Gericht im Horizont von Gerechtigkeit, Liebe und Solidarität, Bibel und Kirche 4/2008, S. 222.)

Man wird nach dem grundsätzlichen Vergleich der Texte, in dem die S vor allem das Scheiden von Schafen und Böcken und auch das Bild vom Hirten erkennen werden, ggf. einige grundsätzliche Informationen geben müssen, wenn man nicht auf das eigentlich vorhandene Grundwissen zurückgreifen kann. Der Text von Söding kann dann in eine Partnerarbeit gegeben werden. Die S können daran erinnert werden, dass sie auch Aussagen des Textes von Karl Rahner (S. 83; vgl. **M 15** → S. 79) verwenden können.

Vertiefung:

Als Vertiefung bietet sich die Betrachtung des abgebildeten oder eines inhaltlich passenden aktuelleren Hungertuchs an. An diesen Darstellungen lässt sich die Hoffnungsbotschaft festmachen. Wenn Zeit vorhanden ist, sollte man dem Gestaltungsauftrag (vgl. Vorbemerkungen) Raum geben.

12. Impulse aus der christlichen Zukunftserwartung/Herr, gib mir die Kraft, Dinge zu ändern, die ich ändern kann (S. 88/89)

Lernziel:
– die innere Haltung, welche der christliche Glaube zwischen Distanz zum Weltlichen und gesellschaftlichem Engagement erfordert, erklären können

Hinweise für den Unterrichtsverlauf:

Vorbereitung:

M 18 (→ S. 82) als Folie vorbereiten

Nach der Erarbeitung der säkularen Zukunftsvorstellungen und der christlichen Eschatologie erarbeiten die S für ihren Umgang mit Zeit und Welt Impulse aus der christlichen Zukunftserwartung. (Diese Doppelseite ist für zwei Stunden konzipiert.)

Einstieg:

Anhand der Bildbetrachtung des Altarbilds von St. Philippus (M 18) bearbeiten die S AA 1, benennen Ängste und diskutieren die Verhaltensweisen, die aus der Angst resultieren.

Alternativ kann eine Collage (s. AA 2) erstellt werden.

Mögliche Tafelanschrift:

> **Angst vor dem Klimawandel:**
> Verhaltensweisen: Machbarkeitsglauben, Untergangsszenarien, Resignation
>
> **Angst um die ökonomische Zukunft**
> Verhaltensweisen: Rückzug ins Private, Gleichgültigkeit, körperliche Reaktionen, Depression

Hieraus wird die Problemfrage entwickelt, wie diese Ängste „gelöst" werden können.

Erarbeitung:

S erarbeiten (wenn möglich arbeitsteilig) den Zusammenhang zwischen Gelassenheit (Text S. 88) und gesellschaftlichem Engagement (Text S. 89). Aus dem Text von Peter Eicher und dessen Rückbezug auf Lk 8,22–25 kann eine Antwort auf die Problemfrage herausgearbeitet werden.

Mögliche Tafelanschrift:

> Nur durch das Vertrauen auf den Mitmenschen und auf Gott erfährt der Mensch eine innere Ruhe, die ihn von seinen Ängsten frei machen und die Kraft geben kann, an der Humanisierung der Welt mitzuwirken.

Der 2. Text beschäftigt sich mit dem Gründer von Sant'Egidio, Andrea Riccardi. Seine humanitären Projekte (s. Text S. 89 und AA 1) zeigen, wie gesellschaftliches Engagement ohne Aktionismus und Fanatismus möglich ist.

Für AA 1 bietet sich eine Internetrecherche unter http://www.santegidio.org an.

Sinnvoll ist eine Vorstellung der Erträge in Kurzreferaten.

Der graue Kasten (S. 88) kann als Abschluss und Zusammenfassung dieser Phase verwendet werden.

Vertiefung:

Rückbeziehend auf 12.1 und 12.2 sollen die S eine ausgewählte Zukunftsaufgabe unter Aspekten christlicher Ethik bewerten.

Mit AA 2 (S. 89) und unter Verwendung der Güterabwägung aus 12.2 erarbeiten die S die Zukunftsaufgabe „Bekämpfung der Armut". Das in 12.1 und 12.2 erlernte Vorgehen kann auch auf die Informations- und Kommunikationstechnik oder auf den Klimawandel angewendet werden. Es sollte jedoch die innere Haltung, weniger die ethischen Kategorien im Vordergrund stehen.

Zur Abrundung und Zusammenfassung von 12.3 kann M 19 (→ S. 83) bearbeitet werden: In diesem Text werden nochmals säkulare Hoffnungen der christlichen Hoffnung gegenübergestellt.

III. Dimensionen der Zukunft – Gestaltungsauftrag für die Gegenwart

Zusammenspiel von Vergangenheit – Gegenwart – Zukunft

M 1

Paul Klee: Angelus Novus (Zeichnung, 1920)

„Es gibt ein Bild von Klee, das Angelus Novus heißt. Ein Engel ist darauf dargestellt, der aussieht, als wäre er im Begriff, sich von etwas zu entfernen, worauf er starrt. Seine Augen sind aufgerissen, sein Mund steht offen und seine Flügel sind ausgespannt. Der Engel der Geschichte muss so aussehen. Er hat das Antlitz der Vergangenheit zugewendet. Wo eine Kette von Begebenheiten vor uns erscheint, da sieht *er* eine einzige Katastrophe, die unablässig Trümmer auf Trümmer häuft und sie ihm vor die Füße schleudert. Er möchte wohl verweilen, die Toten wecken und das Zerschlagene zusammenfügen. Aber ein Sturm weht vom Paradiese her, der sich in seinen Flügeln verfangen hat und so stark ist, dass der Engel sie nicht mehr schließen kann. Dieser Sturm treibt ihn unaufhaltsam in die Zukunft, der er den Rücken kehrt, während der Trümmerhaufen vor ihm zum Himmel wächst. Das, was wir den Fortschritt nennen, ist *dieser* Sturm." (Walter Benjamin, deutscher Philosoph 1892–1940)

Quelle: Walter Benjamin: Sprache und Geschichte. Philosophische Essays. Stuttgart: Reclam Verlag 1992, S. 146

Arbeitsaufträge

1. Beschreiben Sie das Bild von Paul Klee (deutscher Maler, 1879–1940).
2. Erschließen Sie aus den Äußerungen Benjamins das Verhältnis zwischen Vergangenheit – Gegenwart – Zukunft.
3. Schreiben Sie selbst einen Satz über das Zusammenspiel von Vergangenheit – Gegenwart – Zukunft und tauschen Sie sich im Plenum aus.
4. Diskutieren Sie die Konsequenzen, die sich aus der Zukunftssicht Benjamins ergeben.

M 2

Jaron Lanier: Die sogenannte Weisheit der Massen

Der Internetpionier Jaron Lanier (geb. 1960) über den gefährlichen Glauben an die Weisheit der Massen und die mächtige Religion der Computerfreaks

SPIEGEL: Herr Lanier, war die Welt vor dem Internet eine bessere?

Lanier: Das Internet hat sich als ein recht erfolgreiches Experiment erwiesen. Aber es hat durchaus auch schlechte Ergebnisse hervorgebracht – und davor verschließen viele die Augen.

SPIEGEL: Was wird denn da übersehen?

Lanier: Das Internet hat wunderbare Ideen von Demokratie, Offenheit, von gleichem Recht und gleicher Verantwortung für alle hervorgebracht. Doch auf diese großartigen Ideen werden nun immer neue gestülpt. Viele davon mögen richtig gut sein, aber andere sind nicht so toll und einige schlicht schlecht.

SPIEGEL: Welche zum Beispiel?

Lanier: Die schlimmste ist der Glaube an die sogenannte Weisheit der Massen, die im Internet ihre Vollendung findet.

SPIEGEL: Eines scheint doch unumstritten: Wenn eine sehr große Zahl von Menschen im Internet eine Schätzung zu irgendetwas abgibt, dann kommt sie im Mittel dem korrekten Ergebnis verblüffend nahe.

Lanier: Ja, das funktioniert in Märkten und bei demokratischen Wahlen. Aber derzeit wird die Vorstellung immer populärer, das Kollektiv könne nicht nur Zahlenwerte wie einen Marktpreis ermitteln, sondern verfüge als eine – gern Schwarmgeist genannte – höhere Intelligenz über eigene Ideen, ja sogar über eine überlegene Meinung. Eine solche Denkweise hat in der Geschichte schon mehrfach zu sozialen und politischen Verheerungen geführt. Mir bereitet die Vision Sorgen, nur das große Ganze, das Kollektiv sei real und wichtig – nicht aber der einzelne Mensch.

Aus: Interview „Eine grausame Welt" mit Jaron Lanier, S. 182 © Spiegel 46/2006

Pieter Bruegel d. Ä.: Der Turmbau zu Babel (1563)

Arbeitsaufträge

1. Rekonstruieren Sie die Erzählung des Turmbaus zu Babel. Schlagen Sie ggf. die Bibelstelle Gen 11,1–9 nach.
2. Zeigen Sie Parallelen zwischen dieser Erzählung und der Kritik Laniers an den neuen Medien auf.

III. Dimensionen der Zukunft – Gestaltungsauftrag für die Gegenwart

M 3

Norbert Bolz: Cyberspace als Heilserwartung?

Es ist die große kulturelle Verheißung des Internets, dass wir nach den Etappen der archaischen Stammesgemeinschaft und der modernen „Entfremdung" nun wieder vor einer neuen Gemeinschaftsform stehen: der von elektronischen Netzwerken getragenen organisatorischen Nachbarschaft. Die eigentliche Bedeutung der Netzwerke liegt ja, wie wir gesehen haben, nicht in der Dimension der Informationsverarbeitung, sondern in der Bildung von Gemeinschaften. Damit verliert die Nation als identitätsbildende Instanz immer mehr an Bedeutung – zugunsten der globalisierenden, aber auch der tribalisierenden[1] Kräfte. Die Netzverdichtung der Weltkommunikation durch technische Medien macht die Gesellschaft übrigens weitgehend unabhängig von der Bevölkerungszahl. Was zählt, ist Erreichbarkeit, nicht Anwesenheit; was zählt, ist Funktion, nicht Substanz.

Die Internetgesellschaft wird nicht von einem Dogma, einer Ideologie, sondern von Kommunikationsritualen zusammengehalten. Rituale setzen an die Stelle der Verständigung die Richtigkeit des Vollzugs. Das zeigt sich im Mediengebrauch als sozialer Anschlusszwang – man muss heute bei Facebook oder StudiVZ registriert sein. Das ist ein religiöser Formalismus, der sehr viel leichter erkennbar wird, wenn man begreift, dass es auch Riten ohne Gott gibt. (Norbert Bolz, Medien- und Kommunikationstheoretiker, geb. 1953)

aus: Norbert Bolz u. a. (Hrsg.), Heilsversprechen, München 1998 © Rechte beim Autor

Arbeitsaufträge

1. Rekonstruieren Sie die Erzählung des Pfingstereignisses. Schlagen Sie ggf. die Bibelstelle Apg 2,1–13 nach.

2. Zeigen Sie Parallelen zwischen dieser Erzählung und den Ausführungen von Bolz auf.

---

[1] Tribalisierung („Stammesbildung") bezeichnet in der Volkskunde die Bildung von Gemeinschaften auf der Grundlage gemeinsamer kultureller Wurzeln und Merkmale

M 4

Zur demografischen Entwicklung

Nach der 12. koordinierten Bevölkerungsvorausberechnung wird die Gruppe der 60-Jährigen und Älteren in den kommenden Jahrzehnten stark zunehmen. Legt man die Vorausberechnungsvariante „untere Grenze der mittleren Bevölkerungsentwicklung" zu Grunde, so werden im Jahr 2030 rund 7,3 Millionen mehr 60-Jährige und Ältere in Deutschland leben (28,5 Millionen) als im Jahr 2009 (21,2 Millionen).

Dies entspricht einer Zunahme von 34,5 %. Im Jahr 2030 würden dann 37 % der Einwohner in Deutschland zu den 60-Jährigen und Älteren zählen (2009: jeder Vierte). Bei deutlich gesunkener Bevölkerungszahl würde sich bis 2050 der Anteil der über 60-Jährigen auf 40 % der Bevölkerung weiter erhöhen. Diese Vorausberechnungsvariante basiert auf den Annahmen einer annähernd konstanten Geburtenhäufigkeit von 1,4 Kindern je Frau, eines Anstiegs der Lebenserwartung Neugeborener bis 2060 auf 85 Jahre (Jungen) bzw. 89,2 Jahre (Mädchen) und eines jährlichen Außenwanderungssaldos von + 100 000 Personen. Die Wahrscheinlichkeit, dass ältere Menschen pflegebedürftig werden, steigt mit zunehmendem Alter deutlich an. Von den über 80-Jährigen waren im Jahr 2007 rund 31 % pflegebedürftig. Zwar ist der Zusammenhang zwischen Alter und Krankheit nicht ganz so ausgeprägt, doch auch hier zeigt sich bei vielen Krankheitsbildern ein enger Zusammenhang zwischen Alter und Häufigkeit von Krankenhausbehandlungen. Betrachtet man die prozentualen Veränderungen, so zeichnet sich eine deutliche Verschiebung der Altersstruktur der Bevölkerung hin zu den höheren Altersklassen ab. Bis 2030 erhöht sich die Bevölkerungszahl gegenüber heute in allen Altersstufen über 60 deutlich. Auch innerhalb der Gruppe der 60-Jährigen und Älteren steigen aufgrund des aktuellen Altersaufbaues immer mehr Menschen in die höheren Altersstufen hinauf: Im Jahr 2050 gibt es dann mehr als 10 Millionen über 80-Jährige (2009: gut 4 Millionen), die Zahl der 60- bis 80-Jährigen ist gegenüber 2030 (22 Millionen) aber schon wieder deutlich auf 17,7 Millionen gefallen.

Quelle: Statistische Ämter des Bundes und der Länder, Demografischer Wandel in Deutschland, Heft 2, 2010 © Statistisches Bundesamt, Wiesbaden 2010

Arbeitsaufträge

1. Überlegen Sie, welche Auswirkungen die demografische Entwicklung auf Ihre persönliche Zukunft haben wird.

2. Beschreiben Sie Hoffnungen jüngerer und älterer Menschen aufgrund der demografischen Entwicklung.

3. „Nicht alles ist machbar!" Entwickeln Sie unter Berücksichtigung dieser Erkenntnis Kriterien für die Realisierung solcher Hoffnungen.

M 5

Wie kann die Erosion alter Solidaritätsformen gestoppt werden? – Ein Denkanstoß

Solidarität und Freiheit sind zwei Seiten einer nachhaltigen und gerechten wirtschaftlichen, sozialen und nicht zuletzt kulturellen Entwicklung. Nur Menschen, die sich ihrer Teilhabe an der Gesellschaft sicher sind, können sie auch in einer demokratischen, solidarischen und nachhaltigen Weise gestalten. Das christliche Verständnis von Teilhabe gründet in der den Menschen geschenkten Teilhabe an der Wirklichkeit Gottes. Die Bibel hebt die unverlierbare Würde des Menschen hervor und illustriert die Überzeugung von der jedem Menschen gegebenen Fähigkeit zur aktiven Teilhabe unter anderem in der Symbolik des Leibes Christi (1. Korinther 12 u. a.). Gott gewährt den Menschen in der Kraft des Heiligen Geistes Anteil an seiner Fülle: Unterschiedliche Begabungen (die jedem Einzelnen durch den Geist verliehenen »Charismen«) befähigen Menschen, die ihnen in ihrer Lebenssituation gestellten Aufgaben zu erfüllen. Dieser Gedanke hat sich in unserer Rede von »Begabung« erhalten. Wird den Menschen Teilhabe an Gottes Kraft geschenkt, ohne dass sie selbst etwas dafür tun müssten, so ist es ihre Aufgabe, diese Begabungen in ihrem Leben fruchtbar werden zu lassen – für sich selbst und für andere, also auch für das Gemeinwohl. In der Realisierung dieser aktiven Teilhabe an den gesellschaftlichen Aufgaben liegt ihre Verantwortung vor Gott und ihren Mitmenschen. Die von Gott gewährte Teilhabe an ihm selber bewährt sich so in der aktiven Weltgestaltung. Aus diesen theologischen Überlegungen folgen individualethische Konsequenzen für die von Einzelnen und Gemeinden im konkreten Umfeld auszuübende persönliche Barmherzigkeit ebenso wie sozialethische Konsequenzen für die Gestaltung einer gerechten Gesellschaft im Ganzen. Eine gerechte Gesellschaft muss so gestaltet sein, dass möglichst viele Menschen tatsächlich in der Lage sind, ihre jeweiligen Begabungen sowohl zu erkennen als auch sie auszubilden und schließlich produktiv für sich selbst und andere einsetzen zu können. Eine solche Gesellschaft investiert folglich, wo immer es geht, in die Entwicklung der Fähigkeiten der Menschen zur Gestaltung ihres eigenen Lebens sowie der gesamten Gesellschaft in ihren sozialen und wirtschaftlichen Dimensionen. Eine solche Gesellschaft ist so verfasst, dass sich diese aus den individuellen Begabungen erwachsenen Gaben und Fähigkeiten, biblisch »Charismen« genannt, zur möglichst eigenverantwortlichen Sicherung des Lebensunterhalts und im Interesse aller solidarisch einsetzen lassen. Das heißt mit Blick auf das gegenwärtige Wirtschaftssystem, dass ein größtmöglicher Teil der Bevölkerung über bezahlte Arbeit verfügen soll, so weit er dies anstrebt, und dass gleichzeitig die wichtige, vielfältig geleistete familiale, soziale und gesellschaftliche Arbeit in angemessener Weise anerkannt und integriert wird. Der Begriff der »gerechten Teilhabe« meint genau dies: umfassende Beteiligung Aller an Bildung und Ausbildung sowie an den wirtschaftlichen, sozialen und solidarischen Prozessen der Gesellschaft. Eine Verengung auf eine oder wenige Zieldimensionen der Teilhabe verbietet sich aus der Sache heraus. Insofern bedarf es immer wieder einer sorgfältigen Diskussion dieses Begriffs und der Klärung der detaillierten Konsequenzen für die aktuelle Praxis.

© *aus: Gerechte Teilhabe – Befähigung zu Eigenverantwortung und Solidarität. Eine Denkschrift des Rates der EKD zur Armut in Deutschland, Juli 2006*

Arbeitsaufträge

1. Arbeiten Sie aus dem obigen Text heraus, wie darin die Prinzipien der katholischen Soziallehre zur Anwendung kommen.

2. Entwickeln Sie Kriterien für eine Gesellschaft, in der die „gerechte Teilhabe" möglich ist und diskutieren Sie deren Realisierbarkeit.

III. Dimensionen der Zukunft – Gestaltungsauftrag für die Gegenwart

M 6

Karikatur: Star Wars

Hmm..., das wird mir hier aber jetzt ein bißchen zu persönlich. Du solltest dazu besser einen Blogeintrag posten.

Da hast du recht.

STAR WARS

henningbasler.de

III. Dimensionen der Zukunft – Gestaltungsauftrag für die Gegenwart

M 7

Karikatur: Flirt Chat

Hallo, bist du auch in einem Internetcafe?

Ja.

Ich lade dich dann realitymäßig zu einem Kaffee ein.

Du sitzt ja neben mir!

M 8
Nostradamus reloaded: Der Blick in die Zukunft

Peter Pesti, Informatik-Doktorand am Georgia Institute of Technology in Atlanta, hat ein interessantes Projekt gestartet: er hat die Vorhersagen und Prognosen dutzender Bücher, Berichte und wissenschaftlicher Papers zusammengetragen und chronologisch aufgelistet.

2004: **Medizin:** Die Geburt des ersten menschlichen Klons wird bekannt. (Arthur C. Clarke, 1999)

2006: **Energieerzeugung:** Schließung des letzten Kohlebergwerks. (Arthur C. Clarke, 1999) [...]

2009: **Alltag:** Spracherkennungssysteme funktionieren: mehr als 50 % der Texte werden nicht mehr getippt, sondern gesprochen. (Ray Kurzweil, 1999) [...]

2010: **Pop:** Die erste Popband, die keine menschlichen Mitglieder, sondern synthetische Akteure und Stimmen hat, landet einen Chartserfolg. (BT Technology Timeline, 2005);
Gentechnik: Die Auskreuzung genveränderter Pflanzen auf Nachbarfelder wird zum Problem. (BT Technology Timeline, 2005)

2012: **Medizin:** Dank der Stammzellforschung gelingt der Durchbruch bei der Diabetesbehandlung. (BT Technology Timeline) [...];
Alltag: Die Notebookdisplays erreichen eine Qualität, wie wir sie von gedruckten Erzeugnissen (Magazine etc.) kennen. (BT Technology Timeline, 2005) [...];
Politik: Der erste Krieg um die Ressource Wasser wird geführt. (BT Technology Timeline, 2005) [...]

2015: **Technik:** Digitalkameras stoßen in Gigapixelbereiche vor. (Brian Wang, 2006); [...]
Autoverkehr: Alle Neuwagen sind mit „Black boxes" ausgestattet. (BT Technology Timeline, 2005)

2016: **Energieerzeugung:** Der „ITER"-Fusionsreaktor nimmt seinen Betrieb auf. (Wikipedia, 2006)

2017: **Medizin:** Die Daten unseres Genoms sind obligatorischer Bestandteil der Krankenakte. (BT Technology Timeline, 2005) [...]

2019: **Soziales:** Wir bauen immer stärkere Beziehungen zu automatisierten/virtuellen Akteuren auf. Sie dienen uns als Lehrer, Freunde oder Liebhaber. (Ray Kurzweil, 1999)

2020: **Politik:** Der erste „Klimabürgerkrieg" beginnt. Auslöser: die Klimaerwärmung führt zu Massenmigrationsbewegungen weg von den Küstenregionen. (BT Technology Timeline, 2005)

2025: **Raumfahrt:** 10.000 Menschen leben in Raumstationen auf dem Mond. (Brian Wang, 2006)

2030: **Medizin:** Die genetische Optimierung tritt ihren Siegeszug an – wir „verbessern" Organismen, Lebewesen und am Ende uns selbst. Das „genetic engineering" erfüllt einen der ältesten Menschheitsträume. (BT Technology Timeline, 2005) [...];
Soziales/Sprache: Die maschinellen Übersetzungstechniken machen das konventionelle Erlernen von Sprachen überflüssig. (BT Technology Timeline, 2005)

2035: **Gesellschaft:** 87 % aller Menschen unter 25 Jahren leben in Entwicklungsländern. (Ministry of Defence, 2007);
Medizin: Ein sicherer HIV-Impfstoff ist gefunden. (Ministry of Defence, 2007)

2040: **Raumfahrt:** Die ersten bemannten Marsmissionen finden statt. (BT Technology Timeline, 2005)

2080: **Ökologie:** Die Arktis ist während des Sommerhalbjahres eisfrei. (Ministry of Defence, 2007)

2099: **Soziales/Technik:** Eine Unterscheidung zwischen menschlichen und technischen Spezies ist nicht mehr möglich. (Kurzweil, 1999)

Quelle: Scheloske, Marc (2008): Nostradamus reloaded: Der Blick in die Zukunft. 34 Zukunftsprognosen|Werkstattnotiz LXII. In: Wissenswerkstatt [Weblog], 7. Feb. 2008. Online-Publikation: http://www.wissenswerkstatt.net/2008/02/07/nostradamus-reloaded-der-blick-in-die-zukunft-34-zukunftsprognosen-werkstattnotiz-lxii/, 18.10.2011

III. Dimensionen der Zukunft – Gestaltungsauftrag für die Gegenwart

Kurze Informationen zum „Mechanismus von Antikythera"

M 9

Der sogenannte „Mechanismus von Antikythera" ist nach dem Ort seiner Auffindung in einem römischen Schiffswrack durch Schwammtaucher im Jahre 1901 benannt. Als Teil der Ladung eines mit Kunstgegenständen beladenen Handelsschiffes, das vermutlich auf der Fahrt von Pergamon nach Rom war, sank er etwa im Jahre 65 v. Chr. nahe der Insel Antikythera. Möglicherweise hatte man den Apparat bei einem Zwischenstopp auf Rhodos, einem Zentrum der griechischen Astronomie, an Bord genommen, wo es einschlägige Werkstätten auch zur Reparatur gab. Wegen sprachlicher Eigenheiten der Beschriftung wäre auch zu vermuten, dass der Mechanismus ursprünglich aus einer korinthischen Kolonie stammt, vielleicht aus Syrakus, der Heimat des Archimedes.

Der Mechanismus – eine Art astronomischer Taschenrechner – war in einen nicht mehr erhaltenen Holzkasten eingebettet, der eine raffinierte feinmechanische Konstruktion mit einem mehrgliedrigen Räderwerk schützte. Dieses Räderwerk ermöglichte das Berechnen und Anzeigen der Mondphasen und eines Lunisolarkalenders, ebenso die zeitliche Festlegung von Sonnen- und Mondfinsternissen oder die Berechnung der Daten panhellenischer Spiele.

„Kalender waren für antike Gesellschaften wichtig für die zeitliche Bestimmung von Tätigkeiten im Ackerbau und für die Festlegung von religiösen Veranstaltungen. Sonnen- und Mondfinsternisse und planetarische Bewegungen wurden oft als Vorzeichen interpretiert, während die ruhige Regelmäßigkeit der astronomischen Zyklen in einer unsicheren und gewalttätigen Welt philosophisch attraktiv gewesen sein muss." (Aus: Freeth, Tony, Die Entschlüsselung eines antiken Computers. In: Spektrum der Wissenschaft, Ausgabe Mai 2010, S. 62f. © Spektrum der Wissenschaft Verlagsgesellschaft mbH)

Weitere Informationen z. B. auch als Grundlage für ein (fächerübergreifendes) Referat:
– Freeth Tony, Die Entschlüsselung eines antiken Computers, Spektrum der Wissenschaft Mai 2010, S. 62 f.
– Visuelle Demonstration auf youtube unter „antikythera mogi"
– www.antikythera-mechanism.gr

Für die Informationen und die Hinweise zur Literatur bin ich den Ausführungen von Prof. Dr. Jürgen Teichmann, Deutsches Museum München, in Athen im Herbst 2010 zu großem Dank verpflichtet.

Platon, Der Staat [5. Buch, 7–9]

M 10

„Auch ich bin schon etwas schlapp geworden und will mir den Beweis der Durchführbarkeit für später aufheben; nunmehr nehme ich alles für durchführbar an und will, wenn du erlaubst, die Anordnungen überlegen, die die Herrscher treffen werden, und den großen Vorteil nachweisen, den die Verwirklichung für Staat und Wächter mit sich bringt. Das will ich zunächst mit dir durchberaten, das andere später, wenn du erlaubst." „Ich bin einverstanden, fange nur an!"
„Ich glaube", begann ich, „wenn die Herrscher würdig ihres Namens sind, und die Helfer ebenfalls, dann werden die einen die Befehle bereitwillig durchführen, die andern werden Befehle geben, teils nach dem Wortlaut der Gesetze, teils in deren Sinn, wo wir ihnen die Entscheidung überlassen haben."
„Richtig!"
„Du nun als Gesetzgeber wirst, wie du die Männer ausgewählt hast, so auch die Frauen auswählen und möglichst gleichartige ihnen zuführen. Da sie nun gemeinsame Wohnungen und Mahlzeiten haben – da keiner einen Privatbesitz hat –, werden sie gemeinsam leben und, da sie sich gemeinsam im Gymnasium und bei der übrigen Ausbildung aufhalten, vom angeborenen Trieb zur geschlechtlichen Gemeinschaft geführt werden. Oder hältst du das nicht für eine zwangsläufige Folge?" „Nicht von mathematischer, sondern von erotischer Notwendigkeit, die noch viel zwingender die breite Masse überzeugt und mit sich zieht."
8. „Allerdings! Aber nun weiter, mein Glaukon! Wahllos miteinander zu verkehren oder anderes dieser Art widerspricht der heiligen Ordnung im Staat der Glücklichen, noch werden es die Herrscher erlauben."
„Es wäre auch nicht recht!"
„Also müssen wir Hochzeiten stiften, so heilig als nur möglich; heilig sind sie dann, wenn sie am förderlichsten sind."
„Ganz gewiss!"
„Wie werden sie das nun? Sag mir folgendes, mein Glaukon! Ich sehe in deinem Hause Jagdhunde und sehr viele edle Hähne. Hast du, bei Zeus, auf ihre Begattung und Fortpflanzung irgendwie achtgegeben?"
„Inwiefern?"
„Fürs erste: wiewohl sie alle edel sind, gibt es doch unter ihnen einige, die besonders hervorragen und sich auch entsprechend bewähren?"
„Natürlich!"
„Lässt du nun alle gleich zur Zucht zu oder wählst du diese Besten aus?" „Diese Besten wähle ich aus."
„Und wie? Die jüngsten oder die ältesten oder jene, die im besten Alter stehen?"
„Die letzteren."
„Und wenn die Zucht nicht so gemacht wird, verschlechtert sich wohl deiner Meinung nach die Rasse der Hähne und Hunde?"
„Ich denke schon!"
„Was hältst du nun von Pferden und anderen Lebewesen? Ist es da anders?"
„Das wäre sonderbar!"
„Meiner Treu, du mein lieber Freund!", rief ich aus, „wie notwendig brauchen wir scharfsichtige Herrscher, wenn es sich beim Menschengeschlecht ebenso verhält!"
„Natürlich verhält es sich so! Aber warum brauchst du sie?" „Weil sie viele Heilmittel anwenden müssen. Nun genügt für Körper, die keine Medizinen brauchen, sondern nur eine Diät, der sie sich gern unterwerfen, ein minderer Arzt; wenn man aber Medizinen anwenden muss, dann brauchen wir einen tatkräftigen Arzt."
„Richtig! Aber wozu sagst du das?"
„Deshalb: unsere Herrscher werden häufig Trug und Täuschung anwenden müssen zum Vorteil der Beherrschten. Und all dies ist, wie wir sagten, nutzbringend wie eine Arznei."
„Und mit Recht!"
„Dieses Recht scheint bei Hochzeit und Kinderzeugung nicht die kleinste Rolle zu spielen!"
„Wieso?"

III. Dimensionen der Zukunft – Gestaltungsauftrag für die Gegenwart

M 10

Platon, Der Staat [5. Buch, 7–9] *(Fortsetzung)*

„Nach unseren Ergebnissen müssen die besten Männer mit den besten Frauen möglichst oft zusammenkommen, umgekehrt die schwächsten am wenigsten oft; die Kinder der einen muss man aufziehen, die andern nicht, wenn die Herde möglichst auf der Höhe bleiben soll. Das alles muss aber geheim bleiben, außer bei den Herrschern, soll die Herde der Wächter möglichst ohne Hader leben." „Sehr richtig!"

„Also müssen wir Feste und Opfer einrichten, bei denen wir Bräutigam und Braut zusammenführen, und unsere Dichter müssen passende Lieder dichten für die kommende Hochzeit. Die Zahl der Hochzeiten überantworten wir den Herrschern, damit sie die Zahl der Männer möglichst auf gleicher Höhe halten; dabei haben sie auf Krieg, Krankheiten und dergleichen Rücksicht zu nehmen; denn unser Staat soll, wenn möglich, weder zu klein noch zu groß werden."

„Richtig!"

„Geschickte Auslosungen müssen angeordnet werden, damit jener Schwächling bei jeder Paarung dem Zufall, nicht den Herrschern die Schuld gibt."

„Ganz gewiss!"

9. „Den besten unter den jungen Männern in Krieg und Frieden ist neben Ehrengaben und anderen Preisen auch reichliche Gelegenheit zum Verkehr mit Frauen zu geben, damit diese unter solchem Vorwand möglichst viele Kinder zeugen."

„Richtig!"

„Um die jeweils geborenen Kinder nehmen sich dann die Behörden an, die dazu bestellt sind; sie bestehen aus Frauen oder Männern oder aus beiden gemischt – denn es gibt auch Ämter, die Männer und Frauen gemeinsam führen."

„Ja!"

„Sie übernehmen die Kinder der Tüchtigen und bringen sie in eine Anstalt zu Pflegerinnen, die abseits in einem Teil des Staates wohnen; die Kinder der Schwächeren oder irgendwie missgestaltete verbergen sie an einem geheimen und unbekannten Ort, wie es sich gehört."

Aus: Platon, Der Staat, Übers. Karl Vretska, S. 255–257 © Reclam Verlag, Stuttgart 1982

Utopien

M 11

Namensgeber: „Utopia" von Thomas Morus (1516)

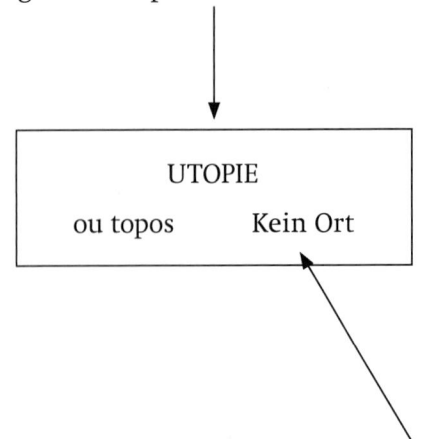

UTOPIE
ou topos — Kein Ort

Sozialutopien

Kritik an der Gesellschaftsstruktur

Negative Utopien

Schreckbilder des Befürchteten

z. B. „Schöne neue Welt"

Verzweckung des Menschen
Überwachung des Menschen
. . .

Realutopie nach Ernst Bloch →
nüchterne Analyse und
Sehnsucht nach Veränderungen:
„Die Kraft, die vorwärts treibt"

Christliches Menschenbild:
Würde des Menschen
Individualnatur des Menschen
. . .

Positive Utopien

z. B. Science Fiction:
Der Traum von einer friedvollen Welt

z. B. Jes 2,2–4
– Hoffnung auf die Vollendung der Welt, auf Frieden (auch in unmenschlichen Situationen)
– Impulse für das Mitwirken der Menschen

„Schwerter zu Pflugscharen schmieden"

III. Dimensionen der Zukunft – Gestaltungsauftrag für die Gegenwart

M 12

Prophetie und Apokalyptik

Hintergrund:
- Erfahrung von Ungerechtigkeit
- Änderung der Situation in der erfahrbaren Welt durch Gott

Hintergrund:
- Erfahrung von Unterdrückung
- Trostbotschaft
- Besondere sprachliche Ausdrucksformen
- Der neue Äon löst den alten Äon ab: Kosmische Weltkatastrophe
- Zukunft in Gott

Moderne Apokalyptik

- Kosmische Weltkatastrophe
- Zukunft in der Hand des Menschen

INNERGESCHICHTLICHE ESCHATOLOGIE

APOKALYPTIK

UTOPIE

PROPHETIE

AT

z. B. Jes Sach Dan

NT
z. B.
Mk 13,24–27.
31–33

Erfüllung der Verheißungen

nicht rein jenseitig, rein spirituell und individualistisch

keine Vertröstung

nicht rein innerweltlich, nur vom Menschen gemacht

Die Botschaft Jesu vom Reich Gottes

a) Thema der Verkündigung Jesu

Zentrum der Verkündigung Jesu: Botschaft vom Reich Gottes

b) Die drei Säulen der Reich-Gottes-Verkündigung

Bergpredigt	Gleichnisse	Wunder

c) Beispiele

Seligpreisungen Vater unser Goldene Regel	Sämann Schatz im Acker Perle	Begegnung mit Außenseitern Dämonenaustreibung Auferstehung

d) Deutung

Jesus lehrt die neue Gerechtigkeit als Einlassbedingung in das Reich Gottes	Jesus zeigt, wie das Reich Gottes zu den Menschen kommt: unscheinbar, wachsend, nicht vom Menschen machbar …	Jesus erweist sich als Bevollmächtigter Gottes, der Schuld, Leid und Tod überwindet und so den Anbruch der Gottesherrschaft verkörpert

UMKEHR	DAS REICH GOTTES IST MITTEN UNTER UNS	WACHSTUM UND ENTWICKLUNG
WEG	NACHFOLGE	KEINE VOLLENDUNG AUF ERDEN
VERTRAUEN	WACHSAMKEIT	DIE GERINGSTEN SEINER BRÜDER
VERKÜNDUNG	GEBET	GEMEINSCHAFT

Eschatologischer Vorbehalt:
In Jesu Person, Wort und Handeln ist das Reich Gottes jetzt zwar schon angebrochen, aber noch nicht vollendet. Die endgültige Verwirklichung ist Gott vorbehalten.

Struktur

III. Dimensionen der Zukunft – Gestaltungsauftrag für die Gegenwart

M 14

Geburt und Tod

Im Rahmen einer Unterhaltung wird auch das Thema Tod angeschnitten. Man überlegt, wie das Sterben wohl sein wird und was danach kommt. Ein Gesprächsteilnehmer vergleicht den Tod mit der Geburt eines Menschen. Vor der Geburt ist das Kind völlig von seiner Mutter umgeben und erhält all sein Leben von ihr. Das Kind kann die Mutter aber nicht sehen. Die Geburt ist für das Kind wie ein Schock, aber erst danach kann es seine Mutter sehen. So sind auch wir im Leben auf der Erde ganz von Gott umgeben und bekommen Leben von ihm, sehen können wir ihn aber nicht. Erst nach dem Schock des Todes werden wir ihn direkt schauen.

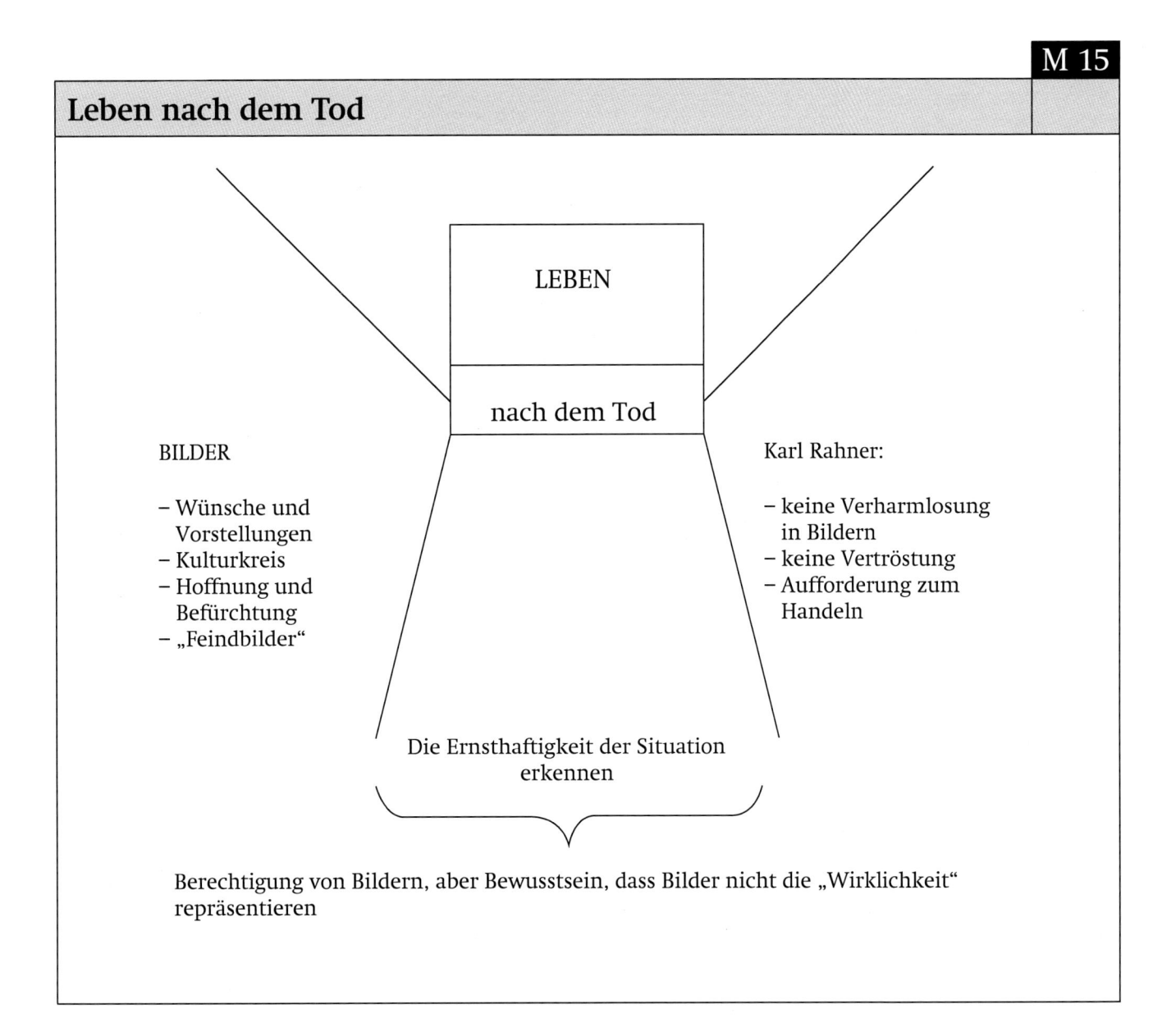

M 15

Leben nach dem Tod

LEBEN

nach dem Tod

BILDER
- Wünsche und Vorstellungen
- Kulturkreis
- Hoffnung und Befürchtung
- „Feindbilder"

Karl Rahner:
- keine Verharmlosung in Bildern
- keine Vertröstung
- Aufforderung zum Handeln

Die Ernsthaftigkeit der Situation erkennen

Berechtigung von Bildern, aber Bewusstsein, dass Bilder nicht die „Wirklichkeit" repräsentieren

M 16
Gisbert Greshake: Hölle und universale Hoffnung

Gibt es eine endgültige Hölle? Gibt es das völlige Verfehlen menschlichen Lebens? Kann die Selbstzerstörung des Menschen, wie sie sich schon hier und heute vollziehen kann, einmal bis zum letzten Ende getrieben werden? Gerade das Höllenthema ist vielen Menschen fremd geworden. Kaum noch ein Prediger „riskiert" eine zünftige Höllenpredigt. Auf der anderen Seite aber ist für manch einen das Thema Hölle doch noch etwas höchst Erschreckendes. Was kann man verantwortlich zum Thema Hölle vertreten?

Sagen wir es zunächst negativ: Viele herkömmliche, teils lächerlich-kitschige, teils schlimme Höllenvorstellungen mit ihrem Ausmalen der Höllenqualen sind als Missverständnis der eigentlichen Höllenbotschaft aufs entschiedenste zurückzuweisen. Ist es nicht erschreckend, dass gerade die traditionellen Höllenvorstellungen eine Fundgrube für Tiefenpsychologen sind? Wie viel neurotische Aggressionen und krankhafte Perversionen, die alles andere als christlich sind, lassen sich hier finden! Schon auf mittelalterlichen Bildern tragen die Verdammten auf Betreiben des Auftraggebers die Gesichtszüge, Kleider oder Amtsroben verhasster und angefeindeter Mitmenschen. Das Wunschbild, das darin zum Ausdruck kommt – der Gegner möge verdammt werden – entspricht ja wohl allem anderen, aber nicht der biblischen Botschaft von der Feindesliebe. Die Darstellung der Höllenqualen ist oft eine erschreckende Veranschaulichung sadistisch-sexueller Triebe, die, aus dem Bewusstsein verdrängt, sich hier in verschlüsselter Form frei entfalten können. […]

Gleichzeitig mit der Ablehnung solcher pervertierter Höllenvorstellungen stellt aber die neuere Theologie zu Recht heraus, dass die Hölle ein durch und durch biblisches Thema ist, ja, dass das Sprechen von der Hölle in der Verkündigung Jesu einen bedeutenden Stellenwert einnimmt. […]

Die Hölle ist der dunkle Kontrapunkt zum Umkehrruf Jesu. Seine Höllenworte machen deutlich, dass der Mensch alles gewinnen oder alles verlieren, dass er gerettet werden oder verloren gehen kann. Anders gesagt: Sie wollen dem Hörer den Ernst der Situation und die Radikalität der geforderten Entscheidung verdeutlichen. […] Diese reale Möglichkeit eines endgültigen Scheiterns menschlichen Lebens scheint mir mit anderen Theologen der unaufgebbare Kern der verbindlichen kirchlichen Lehre von der Hölle zu sein: Der Mensch kann sich endgültig verfehlen, er kann sich selbst im wahrsten Sinne des Wortes zum Ungeheuer machen. […] Sich selbst! Denn – das dürften unsere Überlegungen deutlich gemacht haben – Hölle ist nicht eine Strafe, die Gott von außen her über den Menschen verhängt, sondern eine innere fürchterliche Möglichkeit menschlicher Freiheit selbst. […] [Die Hölle] ist die äußerste „Verlängerung" des jetzt schon erfahrbaren Sachverhalts, dass ein Mensch, der Transzendenz verweigert, ein Mensch, der es ablehnt, aus sich herauszugehen und sich in Beziehungen der Liebe zu stellen, ein Mensch, der sozusagen nur in einer animalischen Immanenz lebt, ein Monstrum ist. […]

Aber diese erschreckende Feststellung schließt nicht aus, sondern ein, dass wir hoffen dürfen und sollen, dass Gott keinen an diese äußerste Möglichkeit, die die Möglichkeit unserer Freiheit ist, gelangen lässt. Die Hölle ist genau das, was aus dem Menschen wird, wenn er allein auf sich gestellt bliebe und Gott ihn nicht liebte und erlöste. […] hoffen heißt, niemanden auslassen aus der Solidarität des von Gott erhofften Heils.

aus: Gisbert Greshake, Leben – stärker als der Tod, Von der christlichen Hoffnung © Verlag Herder GmbH, Freiburg im Breisgau, 2008, S. 211–222

III. Dimensionen der Zukunft – Gestaltungsauftrag für die Gegenwart

M 17

Die Hölle

Aus dem Hortus Deliciarum der Herrad von Landsberg, um 1180

III. Dimensionen der Zukunft – Gestaltungsauftrag für die Gegenwart

M 18

Emil Wachtner: Altarbild

III. Dimensionen der Zukunft – Gestaltungsauftrag für die Gegenwart

M 19

„Wer hofft, lebt anders"

Alles ernsthafte und rechte Tun des Menschen ist Hoffnung im Vollzug. Zunächst in dem Sinn, dass wir dabei unsere kleineren oder größeren Hoffnungen voranzubringen versuchen: diese oder jene Aufgabe lösen, die für den weiteren Weg unseres Lebens wichtig ist; durch unseren Einsatz dazu beitragen, dass die Welt ein wenig heller und menschlicher wird und so auch sich Türen in die Zukunft hinein auftun. Aber der tägliche Einsatz für das Weitergehen des eigenen Lebens und für die Zukunft des Ganzen ermüdet oder schlägt in Fanatismus um, wenn uns nicht das Licht jener großen Hoffnung leuchtet, die auch durch Misserfolge im Kleinen und durch das Scheitern geschichtlicher Abläufe nicht aufgehoben werden kann. Wenn wir nicht auf mehr hoffen dürfen als auf das jeweils gerade Erreichbare und auf das, was die herrschenden politischen und wirtschaftlichen Mächte zu hoffen geben, wird unser Leben bald hoffnungslos. Es ist wichtig zu wissen: Ich darf immer noch hoffen, auch wenn ich für mein Leben oder für meine Geschichtsstunde augenscheinlich nichts mehr zu erwarten habe. Nur die große Hoffnungsgewissheit, dass trotz allen Scheiterns mein eigenes Leben und die Geschichte im Ganzen in einer unzerstörbaren Macht der Liebe geborgen ist und von ihr her, für sie Sinn und Bedeutung hat, kann dann noch Mut zum Wirken und zum Weitergehen schenken. Gewiss, wir können das Reich Gottes nicht selber „bauen" – was wir bauen, bleibt immer Menschenreich mit allen Begrenzungen, die im menschlichen Wesen liegen. Das Reich Gottes ist Geschenk, und eben darum ist es groß und schön und Antwort auf Hoffnung. Und wir können – um in der klassischen Terminologie zu sprechen – den Himmel nicht durch unsere Werke „verdienen". Er ist immer mehr, als was wir verdienen, so wie das Geliebtwerden nie „Verdienst", sondern immer Geschenk ist. Aber bei allem Wissen um diesen „Mehrwert" des Himmels bleibt doch auch wahr, dass unser Tun nicht gleichgültig ist vor Gott und daher nicht gleichgültig für den Gang der Geschichte. Wir können uns und die Welt öffnen für das Hereintreten Gottes: der Wahrheit, der Liebe, des Guten. Das ist es, was die Heiligen taten, die als „Mitarbeiter Gottes" zum Heil der Welt beigetragen haben (vgl. 1 Kor 3,9; 1 Thess 3,2). Wir können unser Leben und die Welt von den Vergiftungen und Verschmutzungen freimachen, die Gegenwart und Zukunft zerstören könnten. Wir können die Quellen der Schöpfung freilegen und reinhalten und so mit der Schöpfung, die uns als Gabe vorausgeht, ihrem inneren Anspruch und ihrem Ziel gemäß das Rechte tun. Dies behält Sinn, auch wenn wir äußerlich erfolglos bleiben oder ohnmächtig zu sein scheinen gegenüber dem Übergewicht der entgegengesetzten Mächte. So kommt einerseits aus unserem Tun Hoffnung für uns und für die anderen; zugleich aber ist es die große Hoffnung auf die Verheißungen Gottes, die uns Mut und Richtung des Handelns gibt in guten wie in bösen Stunden.

(Benedikt XVI., Spe salvi – Gerettet durch die Hoffnung: Enzyklika, 87. Benno 2008, 35)

IV. Grundriss einer Zusammenschau: das christliche Credo

Vorbemerkung zum letzten Kapitel des Unterrichtswerkes:

Am Ende des gymnasialen Religionsunterrichts soll eine Zusammenschau der zentralen Inhalte des christlichen Glaubens stehen. Erfahrungsgemäß wird die Zeit vor dem Abitur knapp. Knapp ist auch das Kapitel, es korrelieren hier also Unterrichtsinhalt und existenzielle Situation nicht nur des Schülers. Auch für den Lehrer ist das Zentralabitur eine Stunde der Wahrheit. Gleichwohl bleibt solche Korrelation extrinsisch. Das Unterrichtswerk „Leben gestalten" kennzeichnet, so hoffen die Autoren, jedoch eine konsequente intrinsische Korrelation vom Titelcover bis zum letzten Satz des Buches vom „Gott in uns". Bei aller inhaltlichen Konzentration auf das Wesentliche, wie es nun einmal das Credo nahe legt, will auch das letzte Kapitel auf jeder Seite zeigen: tua res agitur, es geht um dich, deine Sache, dein Leben wird hier verhandelt. Es wäre schade, wenn bei knapper Unterrichtszeit dies nicht mehr zum Tragen käme.

Deshalb folgende Tipps:

– Verweisen Sie auf oder benutzen Sie einzelne Texte oder Bilder schon während des Schuljahres. Die Anknüpfungspunkte sind offensichtlich.

– Das letzte Kapitel bietet keine neuen Lerninhalte, es akzentuiert, es bietet Reflexion von Bekanntem. Deshalb ist es besonders geeignet, dass die Schüler zu Hause, in Eigenverantwortung („Selbstkompetenz"), ihren Kenntnisstand testen können.

Wichtiger als dies ist allerdings: Es handelt sich nicht um ein neutrales Wissen, es fordert Reflexion und Entscheidung. In den eigenen vier Wänden kann man sich eher finden als im Klassenzimmer (Individualisierung).

– Planen Sie einen „Tag der Orientierung". Es können auch zwei Nachmittage mit Abendmahl und open end sein. Haben Sie das einmal gemacht, so wird schon der nächste Jahrgang dies auch für sich einfordern. Solch ein Unternehmen hat oft mehr Effekt als zwei Monate Religionsstunden nach Stundenplan. Zur Selbstkompetenz gehört auch, dass die Schüler dies organisieren. Thema: Woraus und woraufhin lebst du? – Was Einstein und Jesus dazu sagen (Buch S. 98/99).

1. Bilddoppelseite (S. 92/93)

Lernziele:

– Bereitschaft, sich dem Anspruch des Apostels Paulus zu stellen: Ihr sollt Rechenschaft ablegen können vom Grund eurer Hoffnung („Seid stets bereit, jedem Rede und Antwort zu stehen, der nach der Hoffnung fragt, die euch erfüllt." 1 Petr 3,15)

– erkennen, dass der Akt des Glaubens kein credo quia absurdum (nach Tertullian ein Glaube, der im Widervernünftigen keinen Einwand sieht) ist, sondern intellektuell verantwortet sein will: fides quaerens intellectum (nach Anselm von Canterbury ein Glaube, der die Vernunft befragt), bzw. credo ut intellegam (so Augustinus, der den Glaubensakt als Bedingung für Erkenntnis überhaupt erlebt)

Hinweise für den Unterrichtsverlauf:

Vorbereitung:

Arbeitsteilige Hausaufgabe: Kurze, einleitende Information zu den auf dieser Doppelseite genannten Autoren, Künstlern und Wissenschaftlern

M 1 (→ S. 96), M 2 (→ S. 97 f.) als inhaltliche Vorbereitung für den L oder als Kopien im Klassensatz

Einstieg:

Das letzte Kapitel steht unter der Überschrift „Grundriss einer Zusammenschau". Für die Bilddoppelseite darf das wörtlich genommen werden: Geboten wird eine Zusammenschau von Bildern und Zitaten, vom Beginn des Christentums bis ins 20. Jahrhundert, von Bekenntnis und Reflexion des Glaubens.

Zunächst können die Zitate zusammen mit den vorbereiteten Kurzinformationen zu den Autoren kommentarlos präsentiert werden.

In einem zweiten Schritt werden die Bilder „gelesen", auch sie sind Sprache und Text, eröffnen eine Kommunikationssituation, haben eine Botschaft. Auf dieses Dialogangebot von Bildern und Texten untereinander und mit den S soll eingegangen werden.

Erarbeitung:

Die Informationen und Gesprächsimpulse (s. hierzu M 1 und M 2) kann der L schrittweise in das UG einspeisen, sie können aber auch mit M 1 und M 2 den S zum Selbststudium an die Hand gegeben werden.

IV. Grundriss einer Zusammenschau: das christliche Credo

Vertiefung:

Das Bild des Propheten Elia und der Text dazu (S. 107) können mit Munchs Bild „Melancholie" in einen Dialog treten, so wie nun auch das folgende Kapitel „Credo", das eine werbende Antwort auf Edvard Munchs melancholische Weltsicht versuchen möchte.

2. Ich glaube (S. 94/95)

Lernziele:

- erkennen, dass schon in der alltagssprachlichen Verwendung von „ich glaube" der religiöse Glaubensbegriff angelegt ist
- Kenntnis der Korrelation von anthropologischer Anlage und dem alttestamentlichen Gottesnamen Jahwe
- Bereitschaft, diesen eher philosophisch-theologisch formulierten Überlegungen in AT und NT nachzuspüren (z.B. in Psalmen, Berufungsgeschichten, Bundesgedanke)

Hinweise für den Unterrichtsverlauf:

Vorbereitung:

Gauguins Bild „Woher kommen wir? Wer sind wir? Wohin gehen wir?" auf Folie kopieren, um den Bildausschnitt zu verorten

Impulsfragen aus „Leben gestalten 11" (S. 6, 10, 11) reaktivieren, siehe hierzu auch Lehrerband 11, S. 6

Rembrandts „Moses und der brennende Dornbusch" von „Leben gestalten 11", S. 40 auf Folie

Sieger Köder, Moses, „Leben gestalten 11", S. 76 auf Folie

Einstieg:

Der Beginn des Kapitels 4 soll nicht nur unter dem Vorzeichen einer inhaltlichen Wiederholung und Zusammenschau stehen, sondern es soll der Versuch sein, sich den im 1. Kapitel von „Leben gestalten 11" (Bd. 11) gestellten Erwartungen und Fragen nun rückblickend zu stellen. Haben Religionsunterricht und ich als euer Religionslehrer das Versprechen und den damals gegebenen Vertrauensvorschuss eingelöst? Ist der Religionsunterricht im Laufe der letzten zwei Jahre zum wichtigsten Fach geworden, weil hier diskursiv, kritisch und werbend Position beziehend die wichtigsten Fragen der Menschheitsgeschichte ihren Platz fanden?

Der mit der ersten Seite von Band 11 gesetzte Rahmen wird durch das selektive Aufgreifen der Titelfragen des Einstiegsbildes von Gauguin geschlossen.

Erarbeitung:

Der induktive Ansatz beim alltäglichen Sprachgebrauch führt mitten in die Problematik. Die S können einerseits die vorgegebenen „Glaubenssätze des Alltags kreativ und situativ verorten", dann aber Gelegenheit haben, die Liste zu ergänzen.

Aufgaben S. 94

1. Glauben im Sinne von defizientem Modus von Wissen sind die Spiegelstriche 2, 3, 6, 7, 8; Glauben im Sinne von personalem Vertrauensakt sind die Spiegelstriche 9, 10. Diskutiert werden sollten, weil nicht so eindeutig und deshalb erkenntnisgewinnend, 1, 4, 5. Die Umformulierung entlarvt: ich vermute, weiß nicht genau, denke schon; oder: ich vertraue auf dich, baue auf dich, rechne mit dir, setze Vertrauen, Hoffnung in dich.

2. Wir können gar nicht anders, als immer wieder neu zu vertrauen, d.h. jemandem zu glauben. Der Skeptizismus als Lebenshaltung ist weniger ein Fall für die Philosophie (Descartes spricht ja auch von einem methodischen Zweifel), als vielmehr ein Fall für den Psychologen. Die Impulse für das UG dürfen hier durchaus etwas polemisch formuliert werden.

3. Die Pointe ist hier, dass es eben kein wesentlicher Unterschied ist, sondern nur ein gradueller. Glauben als Vertrauen gehört zum Menschen. Hier ist das einmal zu Recht gegeben, was in der Theologie des 20. Jhs. die anthropologische Wende genannt wurde: Die Rede über Gott trifft schon auf eine anthropologische Disposition. Religiöser Glaube bedeutet dann eben nicht Entfremdung, Unmündigkeit, psychischer Defekt (Klassiker der Religionskritik können hier wiederholend genannt werden), sondern bedeutet die Verwirklichung einer Naturanlage. Gegenüber Freud gilt für C. G. Jung ein geglückter Gottesbezug geradezu als Indiz einer geglückten Existenz. Freilich gibt es auch „andere Formen von Glauben", es gibt auch defiziente Formen des religiösen Glaubens. Dies gilt aber für alle Gestalten menschlichen Lebens. Keiner käme auf die Idee, weil es eine kranke Form der Liebe gibt, Liebe als Krankheit zu bezeichnen.

Der auf die Fragen folgende Text kann auch vor der Diskussion gelesen werden, er ist aber eher im Sinne auch einer begrifflichen Vertiefung anzusehen: Der vertiefende Begriff ist der des performativen Sprechaktes. Hier wird Bd. 11, S. 35 wiederholt.

Vertiefung:

S. 95 dient der Vertiefung von S. 94 mit Blick auf die Bibel. Sie ist bei Zeitmangel auch als Hausaufgabe gut geeignet. Um einem oberflächlichen Bildkonsum vorzubeugen, sollte allerdings Chagalls „Der brennende Dornbusch" thematisiert werden.

Hierzu folgende Hinweise:

Von Chagalls zahlreichen Bildern zur Bibel ist es immer wieder Moses, der ihn beschäftigt. Eine Verbindung zu Chagalls Glasfenster von S. 92 ergibt sich über die Farben: Grün, die Farbe des Moses, an ihn knüpft sich die

Hoffnung. Rot und Gelb sind die Farben Gottes. Die Zuordnungen lösen sich aber im Detail auf. Das das Bild durchflutende Licht lässt Echos dieser Farben überall entstehen.

Ebenfalls: Wie ein sehr kleines Echo erscheinen die Sonnenstrahlen von rechts oben vom Lichtkreis, in dem die hebräischen Buchstaben des Tetragramms Jahwe erscheinen. Es ist nicht die Farbe Weiß, hier ist einfach der weiße Papierhintergrund geblieben, dieser „Trick" steigert paradoxerweise die Leuchtkraft. Besondere Reflexion verlangen die hebräischen Buchstaben, sind sie doch Text und Wort im Bild, sind sie doch Name des bildlosen Gottes. Das erste Mal in der Kunstgeschichte wird diese Text-in-Bild-Lösung in der Züricher Bibel von 1568 gefunden.

Sehr aufschlussreich ist gerade unter diesem Gesichtspunkt der Vergleich mit Rembrandts „Moses und der brennende Dornbusch" aus Bd. 11, S. 40, hat doch hier Rembrandt mit einem Schnitt ins Blatt an der Stelle des Dornbusches diesem Einbruch des transzendenten Gottes drastisch Ausdruck verliehen.

Zwei weitere Querverweise im Sinne nachhaltiger Bildreflexion:

Sieger Köder, Der brennende Dornbusch, Bd. 11, S. 76. Hier steht ein ganzer Text im Dornbusch; die S werden sich an das „Spiegelexperiment" (der Text ist spiegelverkehrt gesetzt) erinnern (vgl. methodische Hinweise, Lehrerband 11, S. 52).

Der zweite Querverweis gilt Chagalls „Moses empfängt die Gesetzestafeln", Bd. 12, S. 28. Hier ist es die Farbe Weiß, die visuell Moses und die Tafeln verbindet. Welch ein Unterschied zum „Leuchter" im Bild unserer Stunde!

Hinweise zum Text S. 95:

Aufmerksam gemacht werden soll auf das „mehr als"; es ist die anthropologische „Cardinalstelle" (Cardinal heißt Türangel).

Dieses „mehr als" steht im Widerspruch zur „nichts weiter als"-Formel neuzeitlicher Aufklärungs- und Entlarvungsideologie.

Argumentationshilfen finden sich im „kollegialen Streitgespräch" im Lehrerband 11, S. 25, M 5.

Als weiterer im Sinne nachhaltigen Lernens in den Text integrierter Querverweis gilt Ps 132: Gott kennt mich mehr als ich mich selbst, er ist der, dem ich mich rückhaltlos anvertrauen darf.

Das Wort „Theomorphismus" muss man nicht mögen, aber in diesem Kontext erfüllt es plakativ seinen Zweck: Der Mensch ist Person, das ist der Ausdruck seiner Würde, noch viel mehr aber ist es Gott. Wir können eben nicht anders als in unseren Begriffen und Bildern von dem reden, worüber man nicht sprechen kann.

Aufgaben S. 95:

1. Es fällt schwer zu vertrauen, wenn Vertrauen enttäuscht wurde. Besonders verheerend wirkt sich das aus, wenn Vertrauensbruch durch Menschen geschehen ist, die durch Beruf und persönliche Bindung geschenktes Vertrauen missbraucht haben.

   Das sog. Primär- oder Urvertrauen bildet sich in den ersten Kleinkindjahren; kann sich dieses nicht bilden, wird auch vertrauende Liebe zu Partnern oder Gott ein Problem. Glauben können ist deshalb auch ein Geschenk. Der theologische Ausdruck dafür ist Gnade. Hilfreich kann auch der Satz des Vaters des besessenen Jungen sein: „Ich glaube; hilf meinem Unglauben" (Mk 9,24).

   Vertrauen kann leicht geschenkt werden, wenn eben beides zusammenkommt: Die Fähigkeit dazu und die Würde dessen, dem Vertrauen geschenkt wird (S. 26).

2. Blind vertrauen dürfen kleine Kinder, Erwachsene sollten auch eine gesunde Portion Skepsis haben. Das schuldet man eben einer unheilen Welt. Blindes Vertrauen von Bürgern einzufordern bedeutet, die Demokratie zu beseitigen.

3. Die Frage enthält die Antwort. So ist es eben. Die Begründung ist der Mensch selbst, noch mehr aber ist es unser Gottesbild. Ein Gott, dem man nicht vertrauen darf, ist nicht Gott. Das ist die Abwandlung des Satzes: Der Gott, dessen Existenz man leugnen kann, ist nicht Gott.

4. Auch das ist Wiederholung: vgl. Bd. 11, S. 76. Beispiele sind Moses, Gideon, Jesaja, Samuel, Jeremia, Ezechiel (Ex 2,2; Ri 6,11; 1 Sam 9,1; Jes 6,1; Jer. 1,1; Ez 1,1; aber auch 1 Kön 19,19; Am 7,15; Jon 1,1).

   Strukturelle Kennzeichen für Berufungsgeschichten sind: Die Initiative geht von Gott aus. Es erfolgt ein Auftrag, eine Sendung, darauf oft ein Einspruch, diesem antwortet ein Wort, das Beistand schenkt, Sicherheit geben will.

   Die Berufung ist Metanoia, Verwandlung, Umkehr, die das bisherige Leben in ein neues Licht rückt. Nach dem Exil gilt die Berufung dem ganzen Volk. Hier weitet sich der Berufungsbegriff zur Theologie des Bundes.

   Berit, der Bundesgedanke, ist ein theologischer Leitbegriff des AT:

   – Noah-Bund und der Friede,

   – Abraham-Bund und das verheißene Land,

   – Horeb-Bund mit den Gesetzestafeln; diese werden zum zentralen Bundessymbol (Bundeslade).

IV. Grundriss einer Zusammenschau: das christliche Credo

3. Glaube als Grundorientierung
(S. 98/99)

Lernziele:
- über die Sprache des Glaubensbekenntnisses reflektieren
- die Rede über Gott als Rede über das Letztgültige im Leben verstehen
- Besinnung: Woraus und woraufhin lebst du?

Hinweise für den Unterrichtsverlauf:

Vorbereitung:

Eventuell CD mit ruhiger, meditativer Musik; CD-Player; M 3 (→ S. 99 ff.) zur Lehrerinfo

Einführung:

L: Wie stellen Sie sich Gott vor? Sammeln von S-Antworten ohne Kommentar. Überleitung Zitat S. 98, linke Spalte: „Ich staune immer wieder, was in den Köpfen von Frauen und Männern mit Abitur zum Begriff „Gott" vorhanden ist: kaum mehr ernst genommene Kindervorstellungen, Ansätze von überaus unklarem Ersatz. Irgendeine Macht ist überall. Aber wer oder was? Meist herrscht Sprachlosigkeit." Roth möchte einen „Anstoß zu neuer christlicher Sprachfähigkeit" geben, „die kritischem Denken standhält".

Erarbeitung:

Erlesen des Textes von Günter Roth (vertiefende Lehrerinfo M 3), AA 1, S. 98, Vorstellen der S-Antworten mit UG. Impuls zur Überleitung: „Bohren wir einmal bei uns und anderen: Was nimmst du wirklich ernst? Woraus und woraufhin lebst du? Dann ist die Gottesfrage im Spiel, die Frage nach dem Letztgültigen" (Günter Roth).

Erlesen des Textes S. 99; AA 1, S. 99, Besprechen der Ergebnisse.

AA: Versuchen Sie, Ihr Glaubensbekenntnis zu Papier zu bringen. Was nehmen Sie wirklich ernst? Woraus und woraufhin leben Sie? S notieren ihre Gedanken (eventuell bei ruhiger Musik), Vorstellen von Ergebnissen und UG nur, wenn von den S gewünscht.

4. Bedeutung des Glaubensbekenntnisses im Leben und Glauben der Kirche (S. 100/101)

Lernziele:
- inhaltliche Annäherung an das Apostolische Glaubensbekenntnis
- die Entstehung, Entwicklung und Funktion des Apostolischen Glaubensbekenntnisses wiederholend vertiefen

Hinweise für den Unterrichtsverlauf:

Vorbereitung:

M 5 (→ S. 105) auf Folie, M 6 (→ S. 106) im Klassensatz kopieren;

M 4 (→ S. 104) zur Lehrerinfo

Einstieg:

Jeweils ein S trägt das Apostolische Glaubensbekenntnis und das Glaubensbekenntnis von D. Sölle vor.

Erarbeitung:

„Theologie ... fragt, welche Wirklichkeit in den überlieferten Vorstellungen zur Sprache kommt, und ob diese Wirklichkeit nicht auch uns betrifft: der Vater im Himmel, der Allmächtige, der Herr usw." (G. Roth) Dorothee Sölle versucht die Wirklichkeit, die im Apostolischen Glaubensbekenntnis zur Sprache kommt, in die Sprache unserer Zeit zu übersetzen.

S lesen die beiden Glaubensbekenntnisse, anschließend Diskussion, mögliche Impulsfragen: Wo gelingt Sölle die Übersetzung der Wirklichkeit in moderne Sprachbilder, wo gelingt es ihr nicht? Äußern Sie Ihre Eindrücke! Diskutieren Sie das Pro und Kontra zeitgenössischer Um- und Neuformulierungen!

Anschließend Erlesen des 1. Abschnittes auf S. 101 mit zusätzlichen Informationen der Lehrkraft (M 4), AA 1 und 4. Lehrervortrag zur Entwicklung des Glaubensbekenntnisses aus der Taufformel (M 5), OHP.

S bearbeiten M 6 in PA mit folgendem Hintergrund:

„Das Credo ist eine Restformel aus dem ursprünglichen Dialog „Glaubst du – ich glaube". Dieser Dialog verweist seinerseits auf das „Wir glauben", in dem das Ich des „Ich glaube" nicht aufgesaugt ist, aber seinen Ort erhält ... Es wird sichtbar, dass Glaube nicht Ergebnis einsamer Grübelei ist, in der das Ich sich etwas ausdenkt, losgelöst von allen Bindungen allein der Wahrheit nachsinnt; er ist vielmehr das Ergebnis eines Dialogs, Ausdruck von Hören, Empfangen und Antworten, das den Menschen durch das Zueinander von Ich und Du in das Wir der gleichermaßen Glaubenden einweist." (Ratzinger, Joseph: Einführung in das Christentum, München 1968, 61)

Erlesen letzter Abschnitt S. 101, AA 3.

5. Schöpfer des Himmels und der Erde (S. 102/103)

Lernziele:

- erkennen, dass der erste Satz der Bibel die Grundkoordinaten eröffnet, die die Unendlichkeit von Raum und Zeit umfassen
- eine Vorstellung davon bekommen, wie geradezu hilflos der Versuch ist, solch einen Gott sprachlich fassen zu wollen
- Bereitschaft zu und intellektuelle Lust am Streit mit naturwissenschaftlichen Weltbildern

Hinweise für den Unterrichtsverlauf:

Vorbereitung:
- Ben Becker, Die Bibel (CD)
- Nietzsches Gedicht „Vereinsamt" (Bd. 11, S. 101) ggf. zur vergleichenden Gedichtanalyse auf Folie

Einstieg:

Der erste Satz der Bibel von der Schöpfung ist monumental. Solcher Auftritt will inszeniert sein. Ben Becker leistet das.

Erarbeitung:

In den „Grundaussagen über Gott" sind Zitatanklänge verwoben. „Im Anfang war die Tat", so übersetzt Faust nach den verworfenen Versuchen von Wort, Sinn und Kraft den Prolog des Johannesevangeliums: „Im Anfang war das Wort". Auch wenn unter historisch-kritischer Sicht der Urtext nicht die systematische Reflexion der Theologie der folgenden Jahrhunderte enthalten kann, sollte doch die Zeit im Unterricht oder in Form einer selbstverantworteten Nachbereitung gegeben werden, die Deutung als „creatio ex nihilo" zu wiederholen. Wie exakte, wortweise vorgehende Erschließung und philosophische Interpretation korrelieren, zeigt der Text im Materialteil (M 7 → S. 107 ff.).

Ein Aspekt des Textes ist wieder die Grenze der Sprache, auf Wittgensteins Traktatus kann hingewiesen werden (vgl. Bd. 11, S. 34 bzw. Lehrerband).

Der im Text nicht verwendete Fachbegriff „analogia entis" kann die Sache auf den Punkt bringen. Der zentrale Aspekt bei den „Grundaussagen über die Welt" ist die Sinnfrage. Genannt wird wieder Ps 139, dieser Psalm erweist sich als roter Faden in beiden Bänden (Prinzip Nachhaltigkeit).

Erklärungsbedürftig dürfte „Transzendieren ohne Transzendenz" sein: Dies ist die Alternative, die Ernst Bloch in seiner Philosophie der Hoffnung entwickelt: Sinn des Unternehmens Welt wäre ein rein innerweltlicher Heilsplan, die Zukunft wird es bringen. Ein inzwischen problematischer Szientismus (Glaube an die Wissenschaft) versprach schon einmal ewiges Leben.

Dies ist der geeignete Ort für den L, einen zentralen Gedanken aus der U-Einheit Zukunftsentwürfe zu wiederholen: Der eschatologische Vorbehalt meldet eben Skepsis gegnüber diesem Optimismus an. Das Heil der Welt ist Sache Gottes. Zentral hierbei: Das ist nicht nur eine Aussage über die Zukunft (ein Eschaton), es hat unmittelbar Auswirkung für das Handeln jetzt: Die aus dem eschatologischen Vorbehalt folgende Handlungsmaxime: Tu, was du kannst, aber nicht um jeden Preis. Scheitern können gehört zu dieser Welt. Wer um jeden Preis das Heil der Welt errichten will, geht dafür auch mal über Leichen (normative Kraft von Zukunftsversprechungen).

Aufgaben S. 101:

1. Die Engführung von biblischer Schöpfungstheologie und philosophischer Frage nach dem Sinn des Lebens zeigt, dass das, was „Universalsinn" bedeutet, nichts ist, was die Welt bietet. Den archimedischen Punkt, von dem aus die Erde aus den Angeln gehoben werden könnte, kann eben nicht die Erde bieten. So wie diese physikalische Erkenntnis zeitlos ist, ist es auch die von Gott als der Bedingung der Möglichkeit eines Universalsinns (Hinweis auf Katakombenbild „Christus zwischen Alpha und Omega", S. 94!).

2. Im Gegensatz zum Irrtum eines Trostes aus dem Jenseits setzt Nietzsche sein „Brüder bleibt der Erde treu". Nietzsche sieht sich als der Liquidator dieses langen Weges eines Irrtums, der mit Platon begann. Der daraus resultierende Nihilismus muss erst einmal erkannt, zugelassen und erlitten werden. Ein Zeugnis davon war das Gedicht „Vereinsamt" in Bd. 11, S. 101. Wer den Gedanken einer ewigen Wiederkehr erträgt, den Nihilismus überwindet, kann in absoluter Freiheit und Kreativität sein Ja zum Leben sagen. Das ist der philosophische Kern des Gedichts „Der neue Columbus". Dieser neue, starke Mensch („Übermensch") lässt alle Bindungen hinter sich.

Weitere Hinweise zur Analyse des Gedichts (didaktischer Tipp: vergleichende Analyse mit Nietzsches „Vereinsamt"):

- „traue" (Vers 1): Es kann mit „glauben" im religiösen Sinn verglichen werden.

- „Blaue" (V 3): Blau ist die signifikante Farbe der Romantik schlechthin, im alltäglichen Sprachgebrauch aber auch die Farbe des Himmels.

- „starrt er" (V 3): ein Kontrast zu „was blickst du starr" aus „Vereinsamt".

- „Fernstes" (V 4): Fernstenliebe predigt Zarathustra im Kontrast zur „schwächlichen" christlichen Nächstenliebe. Nietzsches „Umbesetzungstechnik" nennt man solches.

- „Fremdestes" (V 5): alliterativ verbunden mit Fernstes, das positiv besetzt wird. „e contrario erschlossen" bedeutet Heimat „Enge" und ist negativ besetzt.

IV. Grundriss einer Zusammenschau: das christliche Credo

– „Herz" (V 7): Vergleich mit „Versteck du Narr dein blutend Herz" aus „Vereinsamt".

– V 8: Trotz aller Unsicherheit, ob die Fahrt ins Unbekannte je zu einem Ziel führt (= was ist nach dem „Tod Gottes" überhaupt noch gut und richtig? Umwertung aller Werte …), lässt der neue Mensch die alten Sicherheiten bewusst hinter sich (Genua = traditionelles, von christlichen Idealen geprägtes Leben …).

– „Fest auf Füßen" (V 9): Erdhaftung anstelle von Himmelströstung

– V 10: Kein Zurück: Vergleich mit „dem Rauche gleich, der nach kältrem Himmel sucht". Rückkehr zum metaphysischen Trost ist mit quasi naturgesetzlicher Notwendigkeit ausgeschlossen.

– V 12: Klimax – eine neue „Trinität"?

Ist „Vereinsamt" ein „Antiwanderlied", so preist „Der neue Columbus" gerade das Verlassen des Vertrauten.

Nietzsche wird auf dieser Seite als exemplarisch für die Religionskritik aus Bd. 11 eingebunden. Auf die anderen Klassiker kann wiederholend hingewiesen werden. Freilich auch auf den „nietzscheresistenten Gottesbeweis" aus dem „Futur exakt" von Robert Spaemann, Bd. 11, S. 112.

Aufgaben S. 102:

1. Die Sprachgestalt der mythologischen Rede ist notwendig, weil sich die ersten und letzten Wahrheiten, Aussagen über Wert, Würde und Sinn nicht naturwissenschaftlich sagen lassen (wieder Hinweis auf Wittgensteins Traktatus!).

Die Geschichte von Romeo und Julia ist wahr, auch wenn auf dem Balkon in Verona nie eine Julia stand. Die passenden Argumente finden sich wieder im Streitgespräch in Lehrerband 11, S. 26.

2. In vielen Schöpfungsmythen der Welt sind Erde, Sonne, Mond Gottheiten. Die Erde bebt, weil die Erdgöttin Gaja grollt, es blitzt, weil Zeus sauer ist.

Nicht so hier: Sonne und Mond sind Leuchten, die Erde Ort der Herrschaft des Menschen. Das ist eminent entmythologisierend. Hier, im Schöpfungsauftrag, haben die Naturwissenschaften ihren Beginn. Aber auch das gilt: Schon die Mythen der Welt sind selbst Logos, weil Interpretation der Welt, so Hans Blumenberg in „Arbeit am Mythos". Was vor dem Mythos war, ist „Absolutismus an Wirklichkeit", das unmittelbare, angsterzeugende Ausgeliefertsein an die Realität.

3. Der Schöpfungsglaube eint die monotheistischen Religionen. Im Hinduismus ist die Welt voller Götter. Das signifikante Gegenmodell aber ist der Buddhismus: eine Religion ohne Gott. Alles, was ist, ist Leiden. Der Weg der Erlösung beginnt mit dieser Erkenntnis.

4. „Bara" findet sich in der Schöpfungserzählung an drei Stellen und gleich dreimal bei der Erschaffung des Menschen. Das kann nur Gott.

Die Rede vom „Kinder machen" ist eher vulgär und außerdem kann man das gar nicht. Bekanntlich macht man miteinander etwas ganz anderes und eher nebenbei und absichtslos, sich selbst vergessend, entsteht neues Leben.

Kreativität gilt in der Renaissance geradezu als Realisation des göttlichen Kerns im Menschen. Der kreative Mensch, der Künstler, ist Bild seines Gottes, dem Schöpfer der Erde.

Vertiefender Hinweis: Interessant die Kunsttheorie von Zuccari: Der Künstler zeichnet einen Entwurf für ein Gemälde oder ein Bauwerk: die designo esterno, die „äußere Zeichnung". Diese hat ihren Grund in einer „inneren Zeichnung", der designo interno. Diese wiederum, und das ist das Entscheidende, gründet in einer „designo interno divino", einem göttlichen Entwurf im Künstler (vgl. hierzu Bd. 11, Dürers Selbstporträt von 1500, S. 150).

5. Zwei Beispiele: Gott mit dem Zirkel gestaltet die Welt. Der Ordo-Gedanke als ordo naturalis, ordo sozialis oder auch als göttliche Ordnung, ist Zeichen göttlichen Plans.

Die Krypta von Anagni: Bilder finden sich im Internet.

6. … als Abbild Gottes schuf er ihn/Bild und Botschaft (S. 104/105)

Vorbemerkung:

Diese Doppelseite will, ausgehend vom Schöpfergott des Credos aus Bd. 11, das Kap. 4 (Der Mensch im Horizont des Gottesglaubens: christliches Menschenbild) sowie aus Bd. 12, das Kap. 1 (Orientierung im Wertepluralismus) und Kap. 2 (Menschenrechte – verankert im christlichen Menschenbild) in einer Zusammenschau wiederholen. Diese „Zusammenschau" soll aber einen argumentativen Zusammenhang deutlich machen: Das Problem der Letztbegründung der Würde des Menschen und von Ethik überhaupt. Hier findet sich etwas, das nur der Religionsunterricht allein so leisten kann.

Angesichts der Unendlichkeit von Raum und Zeit ist es entweder absurd, bei Milliarden von Menschen jedem Einzelnen unveräußerliche Würde zuzusprechen, oder aber jeder ist „Bild Gottes auf Erden", gewollt und geliebt von seinem Urbild.

Lernziele:

- erkennen, dass die Rede von der Würde des Menschen ihren ontologischen Grund im „Bild Gottes auf Erden" hat
- erkennen, dass dieser Zusammenhang eine Lösung der sog. Letztbegründungsproblematik der Ethik bedeutet
- Diskurskompetenz: argumentativ die Würde des Menschen in aktuellen Diskussionen verteidigen können

Hinweise für den Unterrichtsverlauf:

Vorbereitung:

Pointierte Aussagen unterschiedlicher Wissenschaften, worin sie das Wesen des Menschen sehen, vorbereiten bzw. als Aufgabe für eine „Expertenrunde" verteilen.

Einstieg:

An der Tafel werden schlagwortartig Antworten der Wissenschaften auf die Frage „Was ist der Mensch?" festgehalten. Sind diese Antworten durch Schülerrecherche vorbereitet, geschieht dies durch Statements.

Im Zentrum des TB steht: „Was ist der Mensch?" Zugeordnet werden nun Antworten, z. B.

- *Soziologie*: Der Mensch ist ein Zoon politikon, ein Lebewesen, das in von ihm organisierten Sozialstrukturen lebt, ein gesellschaftsfähiges Herdentier.
- *Psychologie*: Der Mensch ist zu 95 % von einem Unbewussten, seinen Trieben, gesteuert, sein freier Wille ist eine Illusion.
- *Biologie*: Die Verhaltensforschung beschreibt die Liebe als Reaktion auf Männchen- und Weibchenschema, seine Kinderliebe ist Brutverhalten in Reaktion auf Kindchenschema.
- *Chemie*: Der Mensch besteht aus 92 % H_2O, der Rest ist manchmal Alkohol und auch etwas Kalk, je nachdem, wie lang Zähne und Fußnägel sind.
- *Physik*: Ein sich selbst organisierender Regelmechanismus.
- *Philosophie*: Mensch ist animal rationale, Affe mit Verstand, Sprache, Selbstbewusstsein.
- *Religion*: Das Bild Gottes auf Erden

Frage: Wer hat Recht? Jeder, aber es gibt offensichtlich Unterschiede. Für Kant fasst die Frage „Was ist der Mensch?" alle Fragen der Welt zusammen. Dieser Frage aller Fragen stellt sich der folgende Text und die Diskussion unserer Stunde.

Erarbeitung:

Die Aufgabe 1 begleitet, strukturiert die Arbeit am Text.

Der Text beinhaltet zum Teil nur in Anspielungen eine ganze Reihe von Unterrichtsinhalten der letzten Jahre. Er besteht aus sieben Abschnitten und sollte auch abschnittsweise diskutiert und erarbeitet werden: Methode des verzögerten Lesens.

Wesentliche Inhalte des Textes, Ergebnisse, Hinweise für den Lehrer zur Vertiefung:

1. Abschnitt: Der Hinweis auf Babylon („gehört, geschrieben, gelesen") bindet Kenntnisse aus der historisch-kritischen Exegese von Bd. 11, Kap. 2 ein. Wesentliche Teile des Pentateuch werden im bzw. nach dem Exil redigiert. Spätestens hier im Exil wird auch ein Wandel im Gottesbild des Volkes deutlich: Ihr Gott ist nicht nur einer für sein Volk, er ist der Herr der Welt, der Herr aller Völker und aller Zeiten („Herrlichkeit Gottes"). Der Gattungsbegriff Eloim wird zur exklusiven Bezeichnung des einzigen Gottes: So geschieht die Bewältigung der Exilserfahrung. Der „eingespielte" Hinweis des Spirituals „By the rivers of Babylon" will über alles Exegetisch-Kritische hinaus Hinweis sein, dass hier exemplarisch eine Erfahrung mitgeteilt wird, die Menschen immer wieder gemacht haben, Erfahrung von Exil und Treue Gottes auch in scheinbar aussichtsloser Situation.

2. Abschnitt: Wurde diese „Demokratisierung Gottes" (ein Gott für alle) und ein klarer Monotheismus erarbeitet, so folgt die Verbindung von Gottes- und Menschenbild stringent: Jeder Mensch jeder Zeit ist Geschöpf des einen Schöpfergottes, mehr noch: Alle Menschen sind sich darin gleich, ob Pharao oder Sklave. Das hat Konsequenzen. Die Würde des Menschen, sein Königtum, ist Folge dieser Gottunmittelbarkeit: Bild Gottes auf Erden zu sein, bedeutet Macht und Verantwortung. Die nun entmythologisierte, entgötterte Welt ist Herrschaftsraum der Menschen. „Macht euch die Erde untertan" heißt wörtlich übersetzt: Trampelt darauf herum. Es ist das Verb, das die Unterwerfung des Feindes durch den Pharao beschreibt. Die Natur war eine beängstigende Macht, dass wir das heute versuchen, anders zu sehen, ist klar.

3. Abschnitt: Stringent aus dem eben Gesagten folgt ein positives Urteil über die Naturwissenschaften. Auch Technikfeindlichkeit kann nicht biblisch begründet werden. Dem entspricht ein methodischer Atheismus, dieser macht Ernst mit der radikalen Transzendenz Gottes. Gott ist eben kein physikalisches Ereignis. Mit dem positiven Urteil über die Schöpfung und den Menschen als der Krone der Schöpfung entsteht aber das zentrale Problem, der „Fels des Atheismus", die Frage nach dem Leid, das Theodizeeproblem (vgl. Bd. 11, S. 94–97, 117).

4. Abschnitt: Dieser Abschnitt versucht auf die im 3. Punkt offen gebliebene Frage eine Teilantwort: Der Mensch ist frei in seinem Handeln. Würde Gott immer eingreifen, wenn Menschen Übles wollen, wäre der Mensch nicht Mensch. Auschwitz haben Menschen verbrochen, das kann man Gott nicht in die Schuhe schieben. Eher summarisch in einer Aufzählung werden anthropologische Merkmale des Menschen genannt: Vernunft, Sprache, Kreativität. Zu ergänzen wären: Fähigkeit zur sogenannten exzentrischen Position (Plessner) und moralisches Bewusstsein. Endlose Diskussionen können sich daran anschließen, ob nicht Tiere das alles auch schon irgendwie haben. Das ist letztlich

kein entscheidender Einwand, es spricht eher für die Einheit der Schöpfung und gegen jeden ontologischen Dualismus. Gleichwohl kann hier mit einem erkenntnis- und wissenschaftstheoretischen Argument solche Diskussion beendet werden. Hingewiesen sei auf die „Streitgespräche im Lehrerzimmer" im Lehrerband 11: Top-down-definition, Unterschied zwischen Funktionaldefinition und Realdefinition: Demnach wird der Mensch in einem ersten Schritt nach Analogie der Tiere interpretiert, dann, das ist der zweite Schritt, das Tier nach Analogie des Menschen. Das moralische Gewissen ist dann „nichts weiter als" ein Produkt im evolutionären Prozess. Die provokante Frage: Wenn der Mensch chemisch nichts weiter ist als etwas H_2O: Wo soll des Wassers Würde sein?

5. Abschnitt: Der Zusammenhang von Gottes- und Menschenbild (Aufgabe 1) zeigt sich besonders im Personbegriff. Der christliche Gott ist Person, der Mensch als Bild Gottes ist es deshalb auch. Das „Unbedingte im Antlitz des Anderen", wie es hier von Levinas wiederholt wird (vgl. Bd. 11, S. 127, 131), hat seinen Grund im „Unbedingten", in Gott. Für Levinas ist die alles andere ermöglichende philosophische Disziplin die Ethik, nicht die Ontologie. Der vor aller Erkenntnis zu leistende Akt ist ein sittlicher Akt: das Anerkennen des Anderen. Dies steht in Spannung zu S. 39, wo Ethik als Reaktion auf Wirklichkeit begründet wird: Im Erkennen des Anderen geschieht schon das Anerkennen seiner Person, seiner Würde, mit den Worten Levinas: „Du wirst mich nicht töten".

6. Abschnitt: Formuliert wie ein Resümee, sollte doch über den Text hinaus und, die Diskussion forcierend, die Frage gestellt werden: Sind alle Menschen Personen? Manche wollen heute lieber von Personenrechten als von Menschenrechten reden. Worin sehen Sie hier eine Gefahr? Die alles entscheidende These: Menschsein und Personsein sind eins. Das sollte auch ohne biblischen Befund für säkulare Zeitgenossen argumentativ stark gemacht werden können.

7. Abschnitt: Der Schluss will neben der intellektuellen Leistung die Entscheidung: Wie im Falle der Gretchenfrage gilt es, hier Position zu beziehen. Die abschließende, rhetorische Frage zielt auf die Antwort der Frage „Was ist der Mensch?" im Sinne der Top-down-Definition.

Die Bild- und Botschaftsseite bringt inhaltlich nichts Neues. Sie dient der Vertiefung und sollte im Sinne von Binnendifferenzierung und Individualisierung als Hausaufgabe gegeben werden.

7. Vater, der Allmächtige/Bild und Botschaft (S. 106/107)

Vorbemerkung:

Unterschiedliche Gottesbilder, welche die bildbedingte Rede vom bildlosen Gott problematisieren: Gott mit Bart, als Baumeister, als Hirte, als eschatologischer Richter.

Lernziele:

- Erkennen der anthropologisch begründeten Bedingtheit der Rede von Gott als Vater
- Erkennen der positiven Konnotation von Vater und Allmacht

Hinweise für den Unterrichtsverlauf:

Einstieg:

Unterschiedliche Götterbilder aus der Kunst werden vorgelegt und problematisiert. Pragmatisch kann, wenn keine Zeit zur Recherche von Schülerseite ist, das auch in Form von „Blättern im Buch" erfolgen: S. 28, 64, 80, 82, 86, 87, 91, 93, 95, 105, 167; Problematisierung dieser Bilder unter dem Ausspruch des Bilderverbots.

Erarbeitung:

S. 106 bezieht sich unmittelbar auf S. 92: Der Gott der Philosophen und der der Bibel. Verwiesen sei hier auf den Text zu den Bildern von Barnett Newman und Marc Chagall im Lehrerband (M 1 → S. 95 f.).

Der darauf folgende Text stammt von den Philosophen Richard Heinzmann und Albert Keller, er wurde für das Begleitbuch der TV-Serie Credo verfasst. Diese Serie ist zwar schon ein paar Jahre alt, fand damals aber große Resonanz. Sie wandte sich an eine eher kritische und kirchenferne Öffentlichkeit.

Im Unterschied zur vorangegangenen Doppelseite wird hier vom Vaterbegriff ausgehend die Solidarität der Menschen untereinander betont. Vaterschaft und Mutterschaft Gottes werden als Prinzip des Lebens gedeutet. Die Verantwortung des Menschen für das Leben ist dann seinerseits mit der Vater- und Mutterrolle gegeben.

Aufgaben S. 106:

Angesprochen wird hier die Religionskritik Freuds. Gott ist nichts anderes als das Überich und dieses ist der verinnerlichte Vater. Hat ein Kind einen Tyrannenvater erlebt, wird es kaum das Vertrauen zu einem unbedingt liebenden Vatergott finden. Ein Rückverweis auf S. 94 bietet sich an. Andererseits können wir gar nicht anders, als in Bildern unserer Welt von Gott zu sprechen. Der Begriff der Macht sollte auch differenziert werden. Auch Glaube, Hoffnung und Liebe sind Macht.

Ein Bild aus der Kabbala dient im Judentum zur Verdeutlichung von Allmacht Gottes und der Freiheit der Schöpfung und des Menschen: Mit der Metaphorik des Raumes wird gesagt, dass zuerst Gott alles war. Dort, wo sich Gott in Freiheit zurückgenommen hat, entstand („schuf er") der Raum der Schöpfung und die Freiheit des Menschen.

Der Mensch ist schon auf Gott hin angelegt, vgl. die „der-Mensch-ist-mehr-als-Rede". Hier hat Feuerbach etwas Richtiges erkannt. Der Ort der Gottesbegegnung ist mein Herz, ist der Andere. Wenn Gott aber immer auch der „ganz Andere" ist, so wird die Rede von Gott zur theologia negativa. Im Text wird in den Zeilen 12 ff. deshalb auf Thomas von Aquin verwiesen.

Die folgende Bild-Botschaft-Seite will am Beispiel des verzweifelten Elias die liebende Fürsorge eines Vatergottes zeigen, der dazu aufruft, aufzubrechen, nicht sitzen zu bleiben, den Weg weiterzugehen.

8. Jesus Christus – gekreuzigt, gestorben und begraben ...
(S. 108/109)

Lernziele:
- erkennen, dass die christologischen Hoheitstitel eine gut begründete Interpretation schon des irdischen Jesus versuchen
- Wiederholung exegetischer Grundbegriffe
- Bereitschaft, sich mit Interpretationsangeboten der Kunst (Kreuzesdarstellungen) auseinanderzusetzen

Hinweise für den Unterrichtsverlauf:

Einstieg:

Was bedeutet „Dramaturgie Hollywoods: Beginne mit einem Erdbeben und fahre langsam steigernd fort!"?

Warum soll der Beginn des Markusevangeliums ein „Erdbeben" sein? Der Text im Buch gibt Antwort.

Erarbeitung:

„Jesus ist der erwartete Messias, der Sohn Gottes." Dieser erste Satz formuliert einen ungeheuren Anspruch. Das Evangelium ist dann wie ein Argument für die Eingangsthese zu lesen. Der Text im Buch bietet nun eine Zusammenschau von Aussagen, die den Anspruch erheben, Aussagen über den historischen Jesus zu sein.

Dieser im Buch nicht explizit gemachte exegetische Anspruch kann vom L mit folgenden „fachspezifischen Erklärungen" verdeutlicht werden:

Wir stehen vor dem Problem, dass die Evangelien keine historischen Berichte sind, wir aber dennoch historisch gesicherte Aussagen wollen. Das Interesse am historischen Jesus ist (nach Gnilka) von Bedeutung, weil es einen kritischen Maßstab liefert gegenüber subjektiven, selektiven, kreativen Jesusdeutungen im Laufe der Geschichte und im Leben jedes Menschen. Es besteht somit ein genuin theologisches Interesse an der Rückfrage nach dem historischen Jesus. Die S sollen hier durchaus ihre subjektiven Jesusvorstellungen einbringen. Die historisch-kritische Exegese hat nun zwei Kriterien entwickelt, zu historisch gesicherten Aussagen zu kommen. Zunächst ist es der Querschnittsbeweis. Demnach gilt das als historisch, was sich bei verschiedenen biblischen Autoren und zugleich auch in unterschiedlichen literarischen Gattungen (Gleichnis, Wunderbericht, Streitgespräch u. a.) findet. Das zweite, davon unabhängige Kriterium ist das Unähnlichkeitskriterium. Demnach gilt das als historisch, was weder in der Umwelt Jesu noch in der frühen Gemeinde, d. h. als neue Gemeindebildung, nachweisbar ist. Absolute Originalität wird so zum Kriterium für Historizität. Das Ergebnis scheint auf den ersten Blick mager, die sieben Spiegelstriche der rechten Spalte S. 108 zählen das Wesentliche auf. Es ergibt sich aber doch so viel, dass es der letzte Absatz des Textes im Buch unmissverständlich auf den Punkt bringt. Hier ist der Leser, der S gefordert, sich zu entscheiden. Wer ist für mich Jesus? Ist er größenwahnsinnig, oder nehme ich diesen Anspruch ernst?

Der letzte Absatz nimmt Bezug auf den eher saloppen Einstieg der Stunde. Es ergibt sich somit ein dramaturgischer Rahmen. Vielleicht bekommt eine Unterrichtsstunde hier etwas von einer „Dramaturgie Hollywoods" ab.

Vertiefung:

Die rechte Seite dient der Vertiefung im Sinne einer medialen Auseinandersetzung: Wie stellt sich die Malerei diesem Anspruch?

Hintergrundinformation: Einsamer Kruzifixus wird eine Darstellung genannt, wenn sie allein den Gekreuzigten vor schwarzer Nacht zeigt. Ein weiteres Beispiel, die „Kreuzigung" von Guido Reni in San Lorenzo in Lucina in Rom. Man muss nicht Gefallen finden am barocken „Reni-Blick". Es lohnt aber gerade zu diesem Bild, die S recherchieren zu lassen, ist es doch dieses Gemälde, vor dem der in Deutschland lebende, gläubige Islamwissenschaftler Navid Kermani solche Sätze formulierte: „Für mich aber ist das Kreuz ein Symbol, das ich theologisch nicht akzeptieren kann, akzeptieren für mich ... Andere glauben, was immer sie wollen, ich weiß es ja nicht besser. Ich jedoch, wenn ich in der Kirche bete, was ich tue, gebe acht, niemals zum Kreuz zu beten. Und nun saß ich vor dem Altarbild Guido Renis in der Kirche San Lorenzo in Lucina und fand den Anblick so berückend, so voller Segen, dass ich am liebsten nicht mehr aufgestanden wäre. Erstmals dachte ich: Ich – nicht nur man – ich könnte an ein Kreuz glauben" (SZ vom 15.05.2009).

IV. Grundriss einer Zusammenschau: das christliche Credo

Aufgaben S. 109:

Mk ist das älteste und kürzeste Evangelium, es zeigt den Weg Jesu von Galiläa nach Jerusalem als Weg zum Kreuz. Wie ein roter Faden zeigen sich die Leidensankündigungen. Wie ein Glaubensbekenntnis steht vor „gekreuzigt, gestorben und begraben" das Bekenntnis zu „Jesu, der der Christus, der Sohn Gottes ist".

Die Frage Jesu an seine Jünger soll auch unsere Frage sein. Wer Jesus ernst nimmt, muss sich auch dem Ernst dieser Frage stellen. Irgendwann im Leben muss man sich eben entscheiden, mit wem man es hält. Sich neutral zu verhalten ist hier – nach der Engführung der Frage nach dem historischen Jesus – nicht möglich. Es gibt hier offensichtlich nur ein Entweder-Oder, so wie es auch kein bisschen Schwanger-Sein gibt. Folgen für das Leben haben existenzielle Entscheidungen immer, vergleichbar mit Berufsentscheidung und Partnerwahl.

Für den Christen ist das Kreuz das Zeichen der Hoffnung, dass Folter und Tod nicht die letzte Wahrheit der Welt sind.

Die Linien der Lichtpyramide verlängern sich im Blick des Betrachters auf einen Punkt jenseits der Bildrealität. Der Lichtmetaphorik kann in einer ganzen Reihe von Bildern des Buches nachgegangen werden (vgl. Text zur Bilddoppelseite 94/95).

9. Auferstanden von den Toten
(S. 112/113)

Vorbemerkung:

Diese Doppelseite kennt keine Arbeitsaufträge mehr. Der Charakter eines Schulbuches verläuft sich gegen Ende des Unterrichtswerks.

Auch wenn diese Doppelseite nicht explizit als „Bild und Botschaft" ausgewiesen ist, so kann man sie durchaus in dieser Reihe sehen. Sie lädt somit zu einer eher persönlichen Begegnung ein. Es wird ein Weg angeboten, der vom eher Informativen zum Diskursiven und zum Meditativen führt.

Lernziel:

– Psalm 139 als sprachlich extrem verdichtete Möglichkeit eines christlich gewebten roten Fadens zum eigenen „Leben gestalten" wahrnehmen

Hinweise für den Unterrichtsverlauf:

Erarbeitung:

Impulse zum Text S. 112: In der Frage „Was darf ich hoffen?" klingen die drei bzw. vier Grundfragen der Philosophie nach Kant an.

Diese Frage nach der Hoffnung zu beantworten, ist nach Kant Sache der Religion.

Nach einer Auswahl unterschiedlicher, weltimmanenter, philosophischer Antworten im 2. Abschnitt formulieren die Abschnitte 3 und 4 die christliche Botschaft der Auferstehung. Von der Unbegreiflichkeit dieses Ereignisses geben die Bildreden und auch – gerade in ihrer Widersprüchlichkeit – die Berichte von Begegnungen mit dem Auferstandenen Zeugnis.

Einziger, ebenfalls unvorstellbarer Vergleich, ist die Schöpfung ex nihilo. Auferweckung von den Toten ist Neuschöpfung, Jesus, der „neue Adam". Wenn ich mit einem Schöpfergott rechne, so darf ich ihm auch eine Neuschöpfung zutrauen.

Der folgende Text aus der Osterbotschaft Papst Benedikts wurde auch deshalb ausgewählt, weil hier der Papst Psalm 139 zitiert und österlich deutet. Dieser Psalm verbindet wiederholt mehrere Themen aus Bd. 11 und 12, er ist wie ein roter Faden zum „Leben gestalten".

Ein Hinweis gelte in selbstkritischer Absicht der Bemerkung zum „dritten Tag". Hier bietet Papst Benedikt im 2. Band seines Jesusbuches starke Argumente einer historischen Lesart.

Grünwalds Bild von der Auferstehung ist voll von visuellen Paradoxa. Der Weg durch das Bild über den Einstieg links zum Antlitz des Auferstandenen wird zum Weg ins Licht. Der Betrachter weiß, es ist ein Bild davon, wovon man sich keine Bilder mehr machen kann.

10. Der Heilige Geist (S. 114/115)

Lernziele:

– erkennen, dass die Rede vom Heiligen Geist unmittelbar mit der Gestaltung des eigenen Lebens zu tun hat
– Bereitschaft, sich auf „Spurensuche des Geistes Gottes in der Welt und in der Geschichte" einzulassen

Hinweise für den Unterrichtsverlauf:

Vorbereitung:

Bilder zum Altarwerk von Emil Wachter besorgen, Kurzreferate zu den Kirchenvätern

Einstieg:

Zurückblättern auf S. 4! Mit dem Bild von der Taufe Jesu aus dem Altarwerk von Emil Wachter schließt sich ein Rahmen: Auf S. 4 war es ein Bild aus eben diesem Flügelaltar, mit dem unser Jahr begann. Die Frage zum Bild „Welcher Geist bewegt die Welt?" kann auch an das „Jona-Bild" vom Beginn gestellt werden.

Erarbeitung:

Dass gerade beim „Konzil der Jugend" von Taizé diese alten Texte der Kirchenväter gelesen und diskutiert werden, zeugt von der Jahrhunderte verbindenden Kraft des einen Geistes.

Kurzreferate stellen diese Kirchenväter vor. Im Internet könnte das pragmatisch und arbeitsteilig in der Stunde recherchiert werden.

Didaktischer Tipp: Jeder kann sich dann – durchaus auch im Sinne einer religionspädagogischen Binnendifferenzierung und Subjektivierung – „seinen Kirchenvater" bzw. seinen ihn persönlich ansprechenden Satz zum Heiligen Geist heraussuchen.

Vertiefung:

Dieser so „gefundene Satz" sucht sich einen „Partner", seine persönliche Anneignung, Konkretisierung. Mein Satz will etwas von mir, er will „Gestalt werden", um es mit einem signifikanten Begriff Goethes zu sagen.

Wie lässt sich mein „Geistsatz" realisieren? Die Aufgaben 1–4 formulieren weitere Impulse im Sinne dieser ganz persönlichen und u. U. auch kreativen Aneignung.

Auch diese Seite endet mit dem Angebot eines meditativen Ausblicks, sind doch die Worte des Hochgebetes in die Spannung von unheiler Welt und Vision einer Versöhnung gesprochen.

IV. Grundriss einer Zusammenschau: das christliche Credo

M 1

Ein Weg durch die Bilddoppelseite S. 92/93: Stationen zur Erinnerung und Reflexion

Doppelseitig ist das Hintergrundbild auf S. 92: Ein Felsgang, behauener Stein, ein Ausgang ins Freie in blendend weißes Licht. Erinnern darf man sich hier an die in der Geschichte der Philosophie bedeutendste Bildfindung, an Platons Höhlengleichnis. Mit diesem Text endete das erste Kapitel, mit dem der Religionsunterricht, unser Weg, letztes Schuljahr begann.

Der Aufbruch aus dem Gefängnis hinauf in die Freiheit führt zum „Höchsten Gut", dem vollkommenen Glück.

Christen haben schon im Altertum diesen nicht mehr mitteilbaren Blick in die Sonne als Begegnung mit Gott gedeutet. Erinnert werden darf aber auch an das Titelcover des Buches: Die weit geöffneten Kirchentüren, an ihren Einladungsgestus.

Das „eine" Motiv von Weg und Licht ist ein Ariadnefaden durch die beiden Bände und besonders durch das letzte Kapitel. Betrachten Sie doch einmal daraufhin folgende Seiten: 64, 83, 91, 95, 96, 97, 109, 110, 113, 116.

Am Ende der Schulzeit und vor diesem Hintergrundbild mit Anklang an das Höhlengleichnis darf schon die Frage nach dem Wichtigsten, was die Schule vermitteln sollte, gestellt werden.

Auf der linken Seite und somit dem Tor zum Licht zugeordnet, sind zwei Bilder gesetzt, die in dialektischer Spannung zueinander stehen. Den Schlüssel zum Bildverständnis in diesem Sinn bieten die zugeordneten Textfelder. Der erste Text thematisiert den „Gott der Philosophen". Wenn Philosophie das rationale Bedenken sogenannter letzter Fragen ist, so ist im Denken eines äußersten Horizontes auch affirmierend oder negierend Gott mitthematisiert. Dieser Gott ist abstrakt. Drei Möglichkeiten eines letzten Horizontes werden genannt:

- Ein erstes Prinzip, hier kann man z. B. an den Gott als den „unbewegten Beweger" des Aristoteles denken.
- Ein letztes Ziel: Ein Beispiel hierfür ist die idealistische Geschichtskonzeption Hegels, der zu sich selbst kommende Weltgeist.
- Das höchste Gut: Hiermit wird Gott, über den Neoplatonismus vermittelt, von der Antike bis in die Gegenwart identifiziert.

Ein wiederholender Bezug zur 11. Klasse bietet sich hier an: Gott ist das im höchsten Grade Seiende, über das nichts Größeres hinaus gedacht werden kann, weshalb in der Idee Gott schon notwendigerweise seine Existenz mitgedacht werden muss.

Neben dem ontologischen Argument des Anselm von Canterbury bietet es sich an, auch die anderen sogenannten Gottesbeweise zu wiederholen:
- Die fünf Wege des Thomas von Aquin,
- das Argument mit der Wette von Pascal,
- der sog. ethische Gottesbeweis im Anschluss an Kant.

Präsent sollte auch dieser Gedanke noch sein: Ziel des Gottesbeweises ist ursprünglich nicht die Existenz Gottes, die war im Mittelalter fraglos, sondern die Vernünftigkeit, Rationalität des Gottesgedankens.

Dem abstrakten Gott der Philosophen zugeordnet ist nun das abstrakte Bild von Barnett Newman: Keine Farben, nur Schwarz und Weiß, flächiger, transparenter die rechte und linke Hälfte, extremer Kontrast in der Mitte. Der helle „von woanders her einbrechende Lichtstreif" trennt in der oberen Hälfte das Hochformat wie ein Diptychon. Wird auf einer Folie zunächst nur die obere Hälfte präsentiert (Methode der „verzögerten Bildbetrachtung" in Analogie zur Methode des verzögerten Lesens), so sieht der Betrachter zwei Bilder. Wird das ganze Bild dann aufgedeckt, entsteht eine geradezu paradoxe Wirkung! Diese überaus sparsamen grafischen Mittel erzeugen eine extreme Dynamik und Spannung. Der Titel „The Cry" wirkt wie der Versuch, das über das rein Visuelle Hinausweisende als Grenzüberschreitung ins Akustische zu fassen.

„Meditativer Expressionismus" wurden Newmans Bilder genannt. In New York in einer jüdischen Emigrantenfamilie aus Russland geboren, vereinigt er in Biografie und Bildern das Paradox des Glaubens: Spiritualität russischer Ikonen, Bilderverbot des Dekalogs und Manhattans Skyline, eine Ikone der Moderne. Es sind Bilder der Transzendenz, „sie sind – paradox gesagt – gemalte Bilderverbote" (Werner Trutwin). Newman selbst: *„Das Bild, das wir hervorbringen, ist das in sich selbst gültige der Offenbarung, wirklich und konkret, und jeder, der es ohne die nostalgische Brille der Geschichte betrachtet, wird es verstehen ... Lema sabachthani*

M 1

Ein Weg durch die Bilddoppelseite S. 92/93: Stationen zur Erinnerung und Reflexion *(Fortsetzung)*

– warum? Warum hast du mich verlassen? Warum verlässt du mich? (Mt 27, 46). Zu welchem Zweck? Warum? Dies ist die Passion. Dieser Aufschrei von Jesus. Nicht der furchtbare Gang durch die Via Dolorosa, sondern die Frage, die keine Antwort hat. Angesichts dieser überwältigenden Frage, in der keine Klage ist, erscheint das heutige Gerede von Entfremdung – als ob Entfremdung eine moderne Erfindung wäre – als Peinlichkeit. Diese Frage, auf die es keine Antwort gibt, begleitet uns schon lange – seit Jesus – seit Abraham – seit Adam – die Urfrage." (Barnett Newman zit. n. Wieland Schmid (Hg.), Zeichen des Glaubens. Geist der Avantgarde, 1980)

So der Versuch des Malers, in Worte zu fassen, was das Bild „The Cry" – mehr als Worte sagen können – zeigt.

In dialektischer Spannung zu Newman steht das Foto der Kirchenfenster von Chagall: Auch extremes Hochformat der drei Fenster, Dominanz der Farben, ihr Leuchten wirkt wie ein Echo vom Sonnenlicht, das das „Tor zum Licht" des Hintergrundbildes liefert.
Hier schließt sich ein Rahmen, der mit der ersten Bilddoppelseite von *Leben gestalten 11*, S. 10/11 begann. Das damals den Fenstern von Chartres zugeordnete Gedicht Goethes darf wiederholt werden.
Diesen Fenstern nun beigegeben ist der berühmte Satz, den man nach Pascals Tod in seinem Mantel eingenäht fand. Er kontrastiert den Gott der Philosophen mit dem Gott der Bibel. Dieser Gott erweist sich trotz Bilderverbot doch ganz konkret. Konkret wird er, davon erzählt die Bibel, in der Geschichte. Dies ist vor allem die Geschichte des Volkes Israel: „Der Katechismus der Juden ist sein Kalender". Es ist aber auch die Geschichte einzelner großer, exemplarischer Menschen, schließlich ist es Lebensgeschichte jedes Menschen. Hiob ist hierfür ein extremes Beispiel (vgl. zum Theodizeeproblem Bd. 11, S. 94–97). Ein Beispiel, wie sich Allgemeinmenschliches, Berufung, Schuld und Versagen in einer exemplarischen Geschichte mit Gott zeigt, ist König Salomon, die Bilder von Emil Wachter wollen gerade diese Dimension zeigen: Auch wir sind Salomon. Erinnern Sie sich an die psychologischen Bilder Wachters in Bd. 11 (S. 48/49)? Höhepunkt des Konkretwerdens der Selbstmitteilung, der Offenbarung des transzendenten Gottes, ist sein In-die-Welt-Kommen in Jesus.
Hier wird Gott „anschaubar", so wie – symbolisch gesprochen – der unmögliche Blick in das Licht der Sonne, die durch die Glasfenster der Kathedrale brechend diese erleuchten lassen, möglich wird. Diese Metaphorik ist der zentrale Gedanke zum Verstehen einer gotischen Kathedrale. Auch wenn vom Narrativen der Fenster Chagalls in der Buchabbildung fast nichts übrig bleibt, das Kreuz im Mittelfenster ist zu erkennen. Kreuz und Auferstehung sind der Angelpunkt der Geschichte. Im Internet sind Ausschnitte aus diesen Fenstern zu finden. Wer nicht sogleich Chagalls Bildfindungen recherchieren will, kann zuerst den Motiven und den Texten in der Bibel folgen:
Das zentrale, mittlere Fenster, das „Christusfenster", thematisiert unten den Stammbaum Jesu (Mt 1,1–17). Es folgen der Besuch Marias bei Elisabeth (Lk 1,39–56). Darüber findet sich „siehe, das Lamm Gottes, das die Sünden der Welt hinwegnimmt". Die dazugehörigen Texte sind Jesaja 52,13–53,12 und Johannes 1,29–34.
Umgeben ist dieses Motiv von Bildelementen, die die Reich-Gottes-Gleichnisse anklingen lassen: Mt 13,3–9.31–33). Es folgen weiter nach oben der Einzug in Jerusalem (Mt 21,1–10) und schließlich das Kreuz. Vom Stammbaum bis zum Kreuz ist Grün die vorherrschende Farbe des Christusfensters. Es sind Hoffnungsgeschichten, die hier erzählt werden, kulminierend in der zentralen Hoffnung, dass der Tod nicht das letzte Wort hat.

Das linke Fenster ganz in Dunkelblau – fast schwarz sind manche Partien – ist das Jakobsfenster. Im Zentrum der unteren Hälfte ist Jakobs Kampf mit dem Engel, mit Gott, zu erahnen (Gen 32,23–33). Gelb, Grün und Rot verbinden hier beide Figuren. Das Fenster gestattet einen Blick zurück in die Geschichte des „Gottes von Abraham, Isaaks und Jakobs". Diese Geschichte aber ist auch Gegenwart. Das Fenster bietet einen „Einblick in das zähe religiöse Ringen um den Sinn des Lebens, um eine gewissmachende Antwort auf die Frage, was unser Leben denn zu einem erfüllten Leben mache" (Klaus Guggisberg, Die Chagall-Fenster im Fraumünster, S. 76).
Das rechte, leuchtend gelbe Fenster ist der Blick in eine Zukunft, die nicht von dieser Welt ist: das Zionsfenster. Hier ist es sinnvoll, dass wenig zu erkennen ist, auch Chagall belässt die Figuren in einem unbestimmten Lichtraum: David mit der Harfe, wohl auch Patriarchen und Propheten, das Volk, das zum Berg Zion zieht. Ziel des Lebens und der Geschichte ist das himmlische Jerusalem (Offb 21–22).

IV. Grundriss einer Zusammenschau: das christliche Credo

Ein Weg durch die Bilddoppelseite S. 92/93: Stationen zur Erinnerung und Reflexion *(Fortsetzung)*

M 2

S. 93 versammelt Reflexionszitate zum Thema Glaube und Religion im weitesten Sinne. Unserem Alltagsbewusstsein am nächsten ist die Spannung von Glaube und Wissen, von Religion und Naturwissenschaft. Werner Heisenberg und Max Planck (im Kapitel dann auch Einstein) stehen für Wissenschaftler, für die die Frage nach Gott sich nicht in ihrer Wissenschaft verflüchtigte, ganz im Gegenteil. Der Naturwissenschaftler rechnet nicht mit Gott als einem Vorkommnis in dieser Welt. „Einen Gott, den es gibt, gibt es nicht". Wiederholt werden sollte hier der Begriff des methodischen Atheismus. Folgende Überlegung kann beide Zitate bündeln: Die Wissenschaften arbeiten mit klaren Definitionen, eindeutigen Begriffen. Für sie bedeutet eine Sache zu verstehen, wissen, wie sie entstanden ist, woraus sie besteht, wie sie funktioniert und ggf. auch, was man damit machen kann („To know a thing is to know what we can do with it, when we have it" ist schon eine Definition von Wissen bei den ersten Empiristen). Diese Art von Definition heißt deshalb Funktionaldefinition.

Ganz anders die Geisteswissenschaften, die Religion, die Philosophie: Hier geht es um sogenannte Realdefinitionen. Wissen, wie etwas funktioniert oder entstanden ist, bedeutet noch lange nicht verstanden zu haben, was eine Sache in ihrem Wesen, Wert, ihrer Würde oder Bedeutung ist. Hierzu können Naturwissenschaften gar nichts sagen, weil Wert und Würde nichts sind, das mit ihren Methoden zu fassen wäre. Eine Realdefinition würde, wenn überhaupt erreichbar, am Ende eines langen, differenzierten Bemühens stehen. Am ehesten kann noch die Kunst hier erkenntniserhellend wirken. Hier ist der Ort, das, was im Lehrerband 11 im fiktiven Streitgespräch S. 25–28 (dort M 5 und M 6) zur Objektivierung und Hypothetisierung gesagt wurde, zu wiederholen.

In einem Satz auf den Punkt gebracht wird der Gedanke im Zitat von Heinrich Fries: Glaube ist personaler Akt.
Das Dostojewski-Zitat zielt wohl auf die Pattsituation zwischen Gläubigen und Atheisten. Allerdings nennt Dostojewski den, dem das alles, dem diese letzten Fragen gleichgültig erscheinen, „erbärmlich". Das Zitat von Konfuzius möchte darauf aufmerksam machen, dass jenseits aller Unterschiede der Weltreligionen und Kulturen die Grunderfahrungen des Menschen doch unausweichlich international sind.

Impulse für die Interpretation der Bilder:
Das Brustbild Christi aus der Commodilla-Katakombe, entstanden Mitte des 4. Jh. (60 x 72 cm groß) befindet sich an der Decke. Andere Motive aus diesem Cubiculum (so nennt man die größeren Grabkammern einer Katakombe neben den einfacheren Arkosolia, den Senkgräbern entlang einer Wand): Gegenüber dem Eingang: Christus zwischen zwei Märtyrern; rechter Bogen: Verleugnung des Petrus; linker Bogen: das Quellwunder des Moses und – besonders ungewohnt, geradezu surrealistisch, aber bezeichnend für die Frühzeit, in der sich christliche Ikonologie erst herausbildet – ein Brote segnendes Lamm. Diese wenigen Hinweise sollen das Interesse wecken, hier selbstständig weiter zu recherchieren, sind doch diese ersten christlichen Bilder aus der Antike zugleich Dokumente davon, wie der christliche Glaube verstanden wurde. So finden sich auch Herakles und Orpheus in christlichen Bildprogrammen. Entscheidend ist, dass grundsätzlich alles symbolisch gelesen wird. Das Symbol ist eine Einheit von Materialität und etwas Geistigem, das ist entscheidend. Christus wurde bis zum 4. Jh. bartlos dargestellt, als Hirte mit Tunika, jetzt, auf unserem Bild gekleidet mit Pallium und mit Bart. Bildlich wird er griechischen Heroen angeglichen. Aber auch das ist als Hinweis für „nicht von dieser Welt" zu deuten. Alpha und Omega zeigen, er ist der „Herr der Zeit". Dieses lineare Geschichtsverständnis gegenüber dem meist zyklischen der Antike signalisiert den Paradigmenwechsel, der mit dem Christentum gegeben ist.

Im Gegensatz dazu: Das Pantheon in Rom wird auch als gigantische Sonnen- oder Planetenuhr gedeutet, es visualisiert das Allgöttliche (nicht alle Götter) und einen ewigen Kreislauf im Bild einer in sich ruhenden, ewigen Kugel. Das Neue des Christentums ist eben die Entdeckung des geschichtlich Einmaligen, ist der Kairos, der mit Christus gegeben ist, es gibt Anfang und Ende.
Aus Katakombenzeit stammt auch das Glaubenssymbol des Fisches, des Ichthys. Hingewiesen werden soll bei dieser Grafik auch auf den Anfang des Markusevangeliums: Schon im ersten Satz ist alles gesagt und diesen Anspruch einzulösen, gilt das folgende Evangelium: „Anfang des Evangelium von Jesus, dem Christus, dem Sohn Gottes".

M 2

Ein Weg durch die Bilddoppelseite S. 92/93: Stationen zur Erinnerung und Reflexion *(Fortsetzung)*

Am Ende der Betrachtung dieser, zu einer Zusammenschau des im Religionsunterricht Gelernten motivierenden Bildseite sollte Edvard Munchs „Melancholie" stehen.

Man sieht: Der, der hier sitzt, denkt. Der Fachbegriff „gestus melancholicus", aber auch der Titel verweisen auf eine Bildtradition, die mit Dürers Meisterstich „Melancholia I" als Höhepunkt mehr Fragen stellt als Antworten liefert. Der Mensch reflektiert die Fragen seiner Existenz. Fahl die Farben, dunkles Violett und Schwarz dominieren, etwas „mehr Licht" noch bleibt am extrem hohen Horizont, zeugt von einer untergegangenen Sonne. Mit der Statik des in sich Versunkenen kontrastiert die Wellenbewegung von Wasser, Land und Luft. Unbestimmt bleiben Steg, Boot, zwei Menschen, wohl ein Mann und eine Frau in Weiß, Baum, ein Haus. All das hat mit dem Denkenden nichts zu tun, sein geschlossener Blick geht nach innen.

Zur Wiederholung: In Bd. 11, S. 100 findet sich ebenfalls ein Bild von Munch, das im Kapitel Religionskritik Nietzsche vorstellte. Über ein Porträt hinausgehend sollte es etwas von der Botschaft dieses von Munch bevorzugten Denkers zeigen. Nietzsches Gedicht „Vereinsamt" stand daneben, es würde sich auch wohl als Kommentar hier eignen. „Gott ist tot", so die Botschaft dieses „Propheten".

M 3

Jesus – Gottes Sohn ? von Günther Roth (ev. Theologe)

„… Sohn Gottes? Jungfrauensohn? Abstieg ins Totenreich? Auferstehung? Himmelfahrt? Alles fragwürdig. Da scheint nichts zu unserem Weltbild und zu unserem Wirklichkeitsverständnis zu passen. Wohlgemerkt, das ist keine Bankrotterklärung des christlichen Glaubens, sondern der notwendige Anstoß zu neuer christlicher Sprachfähigkeit, die kritischem Denken standhält.

In den ersten christlichen Jahrhunderten, in denen das Apostolische Glaubensbekenntnis seine endgültige Form fand, wusste man selbstverständlich noch nichts von der Hypothese eines Urknalls und von einem Weltall, das sich in ständiger Ausdehnung befindet, ohne Oben und Unten. Im allgemeinen Bewusstsein von Christen und Nichtchristen war Gott räumlich oben gedacht. Das Christusbekenntnis ist in dieses Weltbild hinein verwoben.

Heute gerät der Himmel oben mit dem Thron Gottes und dem Christus zur Rechten in Raumnot. Das Totenreich bzw. die Hölle unter der Erdscheibe ist als Raumangabe ein vergangenes Bild. Wer ist Jesus Christus für uns, wenn wir das vergangene Weltbild nicht festhalten können und wollen?

Systematische Theologie geht diesen Fragen nach. Es reicht ihr nicht festzustellen, was in der Vergangenheit Menschen gedacht und geglaubt haben. Wie sich heute derselbe Glaube in anderem Weltverständnis und mit anderem Bewusstsein aussprechen kann, darauf kommt's an. Aber nicht nur ein neues Weltbild wird auf die Folgen für den Glauben befragt. Auch die Vorstellungen des Glaubens gehen nicht unberührt aus dem Wandel hervor.

Unreflektiert z. B. von Jesus als dem Sohn Gottes zu reden, ist für den unmöglich geworden, der glaubwürdig sein will. Was meint eigentlich „Gott"? Was meint Gottes „Sohn"?

Was meinen wir, wenn wir „Gott" sagen?

Einen mächtigen Bewohner einer Überwelt, der irgendwo oben mit seinem Sohn thront, dem man es übel nimmt, dass er unten nicht dauernd nach dem Rechten sieht, zu unseren Gunsten vornehmlich? Diese räumliche Überwelt ist dahin.

Gott als ein besonders mächtiges Wesen unter anderen Wesen, der sich letztlich doch vor uns verantworten muss (Wenn Du so mächtig bist, warum verhinderst Du nicht Kriege und lässt zu, dass wir unseren Planeten zerstören?), ist ein kindisches Wunschbild, das uns nicht erwachsen und verantwortlich werden lässt.

Ich staune immer wieder, was in den Köpfen von Frauen und Männern mit Abitur zum Begriff „Gott" vorhanden ist: kaum mehr ernst genommene Kindervorstellungen, Ansätze von überaus unklarem Ersatz. Irgendeine Macht ist überall. Aber wer oder was? Meist herrscht Sprachlosigkeit. Dazu kommt die stereotype Klage: warum redet die Kirche nicht deutlicher? Immer so allgemeines frommes Gerede!

Manche ernsthaft Überzeugte meinen, sie müssten den Skeptikern im Seminar Gott als ihren Herrn bekennen. Offensichtlich gibt es individuell tragfähige Gotteserfahrungen, die sich in traditionellen Bekenntnisformeln aussprechen können, aber sich zur großen Enttäuschung nicht von allein vermitteln lassen mit alltäglichem Denken.

Systematische Theologie versucht nicht, Gott modern zu beweisen. Den Gott, den man beweisen muss, den braucht man nicht. Sie fragt, welche Wirklichkeit in den überlieferten Vorstellungen zur Sprache kommt, und ob diese Wirklichkeit nicht auch uns betrifft: der Vater im Himmel, der Allmächtige, der Herr usw.

Damals und heute ist mit Gott und diesen Bildern aus unserer Erfahrungswelt (Vater, Herr usw.) das angesprochen, was als bestimmende Wirklichkeit in unserem Leben und in unserer Welt erfahrbar ist. Nicht in einer phantastischen Überwelt. Gott ist keine Bezeichnung für ein museales Hirngespinst, sondern die Bezeichnung für das, was bei uns konkret letztlich gilt, was unserem Leben Richtung gibt und im Blick auf uns und unsere Welt Hoffnung schafft. Luther: „woran du dein Herz hängst" (im Großen Katechismus).

Bohren wir einmal bei uns und anderen: was nimmst du wirklich ernst? Woraus und woraufhin lebst du? Dann ist die Gottesfrage im Spiel, die Frage nach dem Letztgültigen. Das muss nicht der christliche Gott sein, den wir ernst nehmen, auch nicht nach Konfirmation und 12 Jahren Religionsunterricht. Ein inhaltliches Kriterium dazu: Wissen wir, was Leben aus voraussetzungsloser Liebe ist, oder leben wir aus unserer frommen oder unfrommen Leistung?

M 3
Jesus – Gottes Sohn? von Günther Roth (ev. Theologe) *(Fortsetzung)*

Erst im Konkreten lohnt es sich, von Gott zu reden. Hier bricht der echte Streit um ihn aus, d. h. um das, was wirklich gilt, in unserem Alltag, nicht in einer frommen Hinterwelt. In unseren Ängsten und bei deren Bewältigung, in unseren Bergungs- und Hoffnungsräumen.

Regelmäßig taucht dann die Frage auf: dann ist Gott ja gar keine Person. Ist das Gebet dann nicht unmöglich geworden? Als ob die Rede von der Person Gottes eine übermenschliche Gestalt meine, vielleicht sogar mit Haaren und Fingernägeln. Sie meint: von Gültigem angesprochen werden, erfülltes Leben ermöglicht bekommen in der Liebe, zu Hoffenden werden über das Grab hinaus. Das geschieht etwa in der Begegnung mit der Wirklichkeit Jesus, die als personales Du erfahren wird. Wir erfahren Gott, das Gültige, im Symbol des Du. Reflektiert von Gott als Person reden, ist Symbolsprache, d. h. wir erfahren in vergänglichen Bildern aus unserer Erfahrungswelt tragende Wirklichkeit.

Dem nachzudenken ist eine lohnenswerte Aufgabe Systematischer Theologie. Es kann ungeheuer befreiend wirken für das persönliche Leben und für die Sprachfähigkeit des Glaubens.

Wenn Gott die Bezeichnung dafür ist, woran wir unser Herz hängen, ist noch nicht geklärt, ob wir es mit christlicher Gotteserfahrung zu tun haben. Man kann, wie die Erfahrung zeigt, sein Herz an die dümmste Rassentheorie hängen oder an den gefährlichsten Nationalismus. Der christliche Gott, der unser Herz ergreift, und der „oben", d. h. allem „überlegen" geglaubt wird, ist durch Jesus deutlich geworden. Ist er deshalb Gottes Sohn?

Ist Jesus Gottes Sohn?

Ich habe noch keine Studentengeneration erlebt, die nicht mit dieser Formulierung Schwierigkeiten hatte. Man traut den eigenen Vorstellungen nicht, die damit verbunden sind, und hat noch nicht weitergedacht, um wieder sprachfähig zu werden. Gott als unklare Größe in einer Überwelt soll einen Sohn haben, der irgendwie zu uns herab auf die Erde kam, mit z. T. göttlichen Genen, absurd! Man fürchtet das Gelächter der anderen. Deshalb: Schweigen ist Gold.

Die Frage nach der Plausibilität signalisiert die Notwendigkeit, dass der Glaube erwachsen wird. Leider legen ihn manche mit den Kinderschuhen ab. Bei anderen hängen die Sprachschwierigkeiten damit zusammen, dass man in Sachen Glauben immer noch zu klein geratene Schuhe trägt, die naturgemäß drücken.

Aber hat nicht die Wissenschaft die Aufgabe, dem zurechtzuhelfen? Vielleicht gibt die Entwicklungsgeschichte der Lehre von der Bedeutung Jesu, die Christologie, Auskunft. Wir befragten die bedeutendsten Theologen der frühen Christenheit. Sie hatten keine Weltbild-Plausibilitätsprobleme. Sie waren auf der Höhe der damaligen Bildung und kannten den aus stoischen und platonischen Wurzeln stammenden Begriff des Logos recht gut. Es ist ein Begriff von höchster Bedeutung: der Logos ist die Weltvernunft, die den Kosmos zusammenhält oder er ist die schöpferische Potenz einer jenseitigen Gottheit. Was lag näher, als diesen Begriff heranzuziehen, um den hellenistisch Gebildeten der damaligen Zeit deutlich zu machen, welche Bedeutung der gekreuzigte und auferstandene Jesus hat. Er ist der Logos. Christus, der Gottessohn, wird als Logos interpretiert, der zum Zwecke der Weltschöpfung in grenzenloser Liebe aus der göttlichen Vernunft heraustritt, als erstes der Geschöpfe, Gott untergeordnet, wenn auch ungetrennt von ihm. Sein Ziel ist es, uns, die Geschöpfe, substanzhaft Gott anzugleichen, zu vergeistigen und zu erlösen.

Der Logos-Sohn kann das, denn er ist Gott und Mensch zugleich, in zwei Naturen, aber in einer Person. Er besitzt eine göttliche und eine menschliche Substanz. Teilhabe an ihm ist auch Teilhabe an der göttlichen Substanz, z. B. im Sakrament des Heiligen Mahles. Sie führt uns zur Unsterblichkeit und Gottähnlichkeit ...

Wer heute plausibel die Bedeutung Jesu für uns zu denken versucht, kann nicht mehr bei einer Überwelt beginnen und das Herabsteigen des Sohnes in unsere Welt als objektiven Vorgang dankbar bekennen. Christologie beginnt heute nicht „oben". Sie beginnt unten bei dem geschichtlichen Menschen Jesus und fragt nach seiner bleibenden Bedeutung bis heute.

Was also ist die Bedeutung des Satzes „Jesus ist Gottes Sohn"? Man hätte schon im Alten Testament lernen können, dass „Sohn Gottes" keine genealogische Abstammung meint, obwohl sich die religiöse Sprache der Umwelt vor Blutsverwandtschaft mit Göttern nicht scheute. In den Glaubensaussagen des Alten Testaments wird ein König bei seiner Thronbesteigung zum Sohn Gottes erwählt. Das ganze Volk ist „Sohn". Deshalb können gelegentlich auch herausgehobene einzelne Menschen als Söhne Gottes be-

Jesus – Gottes Sohn? von Günther Roth (ev. Theologe) *(Fortsetzung)*

zeichnet werden. Nie ist dabei Blutsverwandtschaft gemeint. Es ist Bildrede von der Nähe zu der Wirklichkeit, die Rettung und Zukunft gibt, also zu „Gott". „Sohn Gottes" meint die besondere Nähe zur letzten Wirklichkeit, die sich als Rettung aus Versklavung und als befreiende Liebe erweist. Die Begegnung mit dem Menschen Jesus und mit seiner unsentimentalen Liebe war und ist das, was befreit und die Herzen bezwingt, und trotz Mühsal und Tod die Welt wärmer und die Zukunft heller machen kann.

Die Gleichnisse Jesu sind voll davon. Sein Leben zeigte es unübersehbar gerade da, wo er sich damit in den Augen der Religionshüter selbst unmöglich machte, in seinem Verhalten zu Prostituierten und profitsüchtigen Zollpächtern. Diese neue Erfahrung schien mit seinem Tod erledigt. Seine Anhänger liefen davon. Aber plötzlich wurden aus Verzweifelten und Enttäuschten auf der Flucht Menschen, die ihren Kopf wagten, allen laut zu sagen: er lebt, Gott hat ihn auferweckt, mit anderen Worten, die Sache der Liebe Jesu ist stärker als der Tod. Der Tod ist nicht die letzte Wirklichkeit.

„Sohn Gottes" heißt also in anderen Worten: Hier ist der, der jetzt und künftig erfülltes Leben gibt und Hoffnung. Natürlich verlangen solche Interpretationen sorgfältige exegetische und historische Arbeit, vor allem, wenn es um methodisch so schwierige Fragen wie Auferstehung geht, wo bildhafte Rede das reale Aufbrechen der Todesstruktur unserer Welt signalisiert.

Als Ergebnis ist deutlich: „Sohn Gottes" ist kein leeres oder vergangenes Gerede. Aber vielleicht ist der Zugang zu dieser Erfahrung für viele leichter, wenn das Symbol durch andere Bilder, die Letztgültiges ansagen, ersetzt wird.

Marie Luise Kaschnitz z.B. verwendet in ihrem Gedicht „Auferstehung" das Bild von einem „Haus aus Licht". Sie sagt inhaltlich nichts anderes als das alte Bekenntnis zum Gottessohn:

Auferstehung

Manchmal stehen wir auf
Stehen wir zur Auferstehung auf
Mitten am Tage
Mit unserem lebendigen Haar
Mit unserer atmenden Haut.
Nur das Gewohnte ist um uns.
Keine Fata Morgana von Palmen
Mit weidenden Löwen
Und sanften Wölfen.
Die Weckuhren hören nicht auf zu ticken
Ihre Leuchtzeiger löschen nicht aus.
Und dennoch leicht
Und dennoch unverwundbar
Geordnet in geheimnisvolle Ordnung
Vorweggenommen in ein Haus aus Licht.

Aus: Marie Luise Kaschnitz: Überallnie. Ausgewählte Gedichte 1928–1965 © 1965 Claassen Verlag in der Ullstein Buchverlage GmbH, Berlin

---

Das „Haus aus Licht" ist christliche Sohnes- bzw. Gotteserfahrung. Die Türen zu diesem Haus öffnen sich, wo die Liebe Jesu aufleuchtet und zur Lebensmacht wird. [...]

Ergebnis: Aussagen wie „Jesus ist Gottes Sohn" sind wörtlich, aber nicht buchstäblich zu verstehen. Sie sind Symbole oder Bildrede von realer, gründender und tragfähiger Erfahrung. Von Lebenswahrheit kann man eben nicht einfach definierend und konstatierend reden. Schon wer von der Liebe zu einem anderen Menschen redet, spricht von Lebenserfüllung, von Hoffnung und Wagnissen und nicht von Beweisen oder Definitionen. Hier sieht man nur mit dem Herzen richtig, dem allerdings ein denkender, manchmal auch zweifelnder Kopf nicht schadet. Je kritischer er denkt, desto leichter wird ihm der Zugang zu den alten Bekenntnissen: „Ich glaube an Jesus Christus, seinen eingeborenen Sohn, unseren Herrn …" oder „Gott von Gott, Licht vom Licht …".

M 3
Jesus – Gottes Sohn ? von Günther Roth (ev. Theologe) *(Fortsetzung)*

Wer einmal Zugang zu dieser Sprache gefunden hat, dem rutscht der Glaubensboden nicht unter den Füßen weg, wenn er zu denken anfängt. Im Gegenteil, er wird sprachfähig und neugierig, welche Lebenserfahrungen in den Bekenntnissen der vor uns Glaubenden aufgehoben sind. Diese Menschen waren auch nicht dümmer als wir. Nur lebten sie in anderen, für uns z.T. vergangenen Denkmöglichkeiten.

Zu dieser Neugier und zum Finden von Antworten versucht Systematische Theologie anzuleiten, z.B.:

Die Himmelfahrt Jesu

Sie ist für viele Zeitgenossen der Gipfel der Absurdität. Wohin ist er gefahren? Auf einer Wolke? Ein spottlustiger Zeitgenosse erkundigte sich bei mir nach der Geschwindigkeit, mit der Jesus in den Himmel gefahren sei. Er erklärte sich bereit, mir mit dieser Angabe auszurechnen, wo er sich jetzt gerade im Weltall befände. Natürlich, um mir klar zu machen, welcher Unsinn das sei.

Als ob die Wolke so eine Art fliegender Teppich aus kondensiertem Wasser gewesen wäre. „Wolke" ist ein uraltes Symbol, das Gottes verborgene Nähe und seine Mächtigkeit ausdrückt: Blitz, Donner und Regen.

Die Bildrede von der fröhlichen Überzeugung, dass der gekreuzigte und auferstandene Christus für alle Zeiten „oben" ist und herrscht, d.h. über den Tod hinaus die höchste – oder auch tiefste – Lebenswahrheit „verkörpert", ist eben keine Reportage über einen Halbgott, der auf einem Wolkenfahrstuhl in den Himmel gefahren ist. Selbst in einer Zeit, in der das allgemeine Denken mit einem himmlischen Ort „oben" rechnete, war das nicht der Sinn von „Himmelfahrt", sondern die Überzeugung, dass der für seine Liebe Leidende der Herr ist. Er ist jetzt „oben", d.h. allen Machthabern „überlegen". Das gilt auch dann, wenn die Ortsansage entfällt. Ob die Liebe Christi wirklich überlegen ist, d.h. sinnvoller ist als andere „Götter", wird sich im Leben und Sterben schon zeigen.

Oder das für jede Generation Heranwachsender scheinbar unausrottbare Problem, glauben zu sollen, Jesus sei der Sohn einer Jungfrau: „… geboren von der Jungfrau Maria"; „Und er wurde Fleisch durch den Heiligen Geist, aus Maria der Jungfrau, und ist Mensch geworden".

Mir sind christliche Zeitgenossen bekannt, die beim Sprechen des Glaubensbekenntnisses im Gottesdienst das Wort „Jungfrau" nicht sprechen, um vor sich selbst ehrlich bleiben zu können. Aber selbst heute noch pflegen katholische theologische Lehrstühle zu wackeln, wenn einer oder eine der Inhaber es wagen, hier nicht nur kritisch zu denken, sondern auch laut und verständlich zu reden. Gewiss ist es allzu billig, die Rede von Jesus als dem Jungfrauensohn mit biologischen und historischen Argumenten lächerlich machen zu wollen. Das ist einfach dumm. Es entspringt der Unkenntnis, was solche Sprache bedeutet.

Jesus, der Jungfrauensohn

Aber ist es viel klüger, eine biologisch objektivierende Vorstellung unter Androhung von zeitlichen und ewigen Strafen zur Glaubensforderung zu erheben? Glaube als freie Überzeugung ist dann zum Fürwahrhalten von Bezweifelbarem verkommen.

Aber muss ein historisches Faktum nicht einfach anerkannt werden? War die Jungfrauengeburt jedoch ein objektives, historisches Faktum? Von einer derartigen „Tatsache" wusste Paulus in den fünfziger Jahren noch nichts. Der Evangelist Johannes distanzierte sich direkt und indirekt von der Jungfrauensohn-Christologie: alle Kinder Gottes sind aus Gott gezeugt und nicht aus Manneswillen (1,12f.); Jesus ist der Sohn Josephs aus Nazareth (1,45). Oder wie hätte die Familie Jesu ihn für verrückt halten können und ihn zurückhalten wollen von seinem Auftreten, wenn seine Mutter und Josef von der Jungfrauengeburt gewusst hätten (Mk 3,21;3,31ff.)?

M 3

Jesus – Gottes Sohn ? von Günther Roth (ev. Theologe) *(Fortsetzung)*

Wer die Jungfrauensohnschaft objektiv biologisch versteht, muss – ob er will oder nicht – in Kauf nehmen, dass Jesus eben kein Mensch war, sondern ein Halbgott. Deshalb steht diese Deutung im Neuen Testament auch nur am Rande. Sie zu einer christlichen Glaubensprobe zu machen, ist sinnlos. Sie ist nicht einmal eine spezifisch christliche Deutungsmöglichkeit. Im hellenistischen Denkbereich, aber auch in anderen Religionen sind Jungfrauengeburt und Jungfrauensohn Würdeprädikate, mit denen man Halbgötter und schon nicht mehr objektiv biologisch gedacht – bedeutende Menschen ehrte. Plato und Alexander der Große u. a. wurden als Jungfrauensöhne verehrt, d. h. als ganz besonders Gott nahestehend, maßgebend. Ihre Eltern waren bekannt. „Jesus der Jungfrauensohn" meint keinen biologischen Sonderfall, um seine Göttlichkeit zu demonstrieren, sondern ist ein zeitgebundener Deutungsversuch, der damals für manche überzeugend klar machen konnte: er kommt von „oben", er ist nicht irgendwer. In ihm ist Gott unüberholbar am Werk. Das gilt auch noch heute, ohne das Fürwahrhalten eines biologischen Sonderfalles. Doch fragen wir weiter: Warum gilt das noch heute?

Er ist für unsere Sünden gestorben – ?

Das ist die traditionelle Antwort. Sie wird in der Kirche mit großer Selbstverständlichkeit wiederholt. Als ob dieser Satz völlig plausibel wäre. Warum ist der Tod Jesu etwa im Jahre 30 der Grund, dass heute wie früher überall Menschen aufatmen können und sagen: er ist für meine Sünden gestorben, ich bin frei? Ich habe noch nie eine Studentin oder einen Studenten getroffen, die verständlich sagen konnten, warum das so ist. Auch dann, wenn das Missverständnis ausgeräumt war, „Sünden" wären in erster Linie Verstöße etwa gegen die Verbote zu stehlen, zu morden, zu lügen oder sexuell fremdzugehen. „Sünde" meint vorrangig den Zustand der Entfremdung, der Ferne vom echten Leben der Liebe und von letzter Wirklichkeit und beschreibt deshalb als Schuld und Verhängnis ein Leben in ungetrösteten Ängsten oder in vorübergehenden Freuden, die man wie einen Raub festhalten möchte. Wieso erlöst uns der Tod Jesu von diesem Leben?

Im Neuen Testament wird sein Tod als Sühnopfer oder als Bundesschlussopfer, auch als Opfer analog dem Schlachten des Passahlammes verstanden. In einer Zeit, in der man selbstverständlich von der Wirklichkeit kultischer Stellvertretung durch Opfer überzeugt war, war das plausibel. Aber wir können kaum mehr individuelle Entfremdung und moralische Schuld dadurch bereinigt begreifen, dass man einem lebenden Bock alles Verschulden des Volkes auflegt und ihn dann zum Sühnetod in die Wüste jagt (3. Mose 16,21 f.) oder indem man einer Kuh das Genick bricht, um durch Mord oder Todschlag vergossenes unschuldiges Blut zu sühnen, wenn man den Täter nicht zu fassen bekommt (5. Mose 21). Der Tod eines unschuldigen Menschen als Sühne macht uns die Opfervorstellung eher noch uneinsichtiger. Ist das nicht bodenlos grausam? Wie kann der Tod eines anderen die eigene Schuld tilgen?

Auch die Deutungsversuche des Todes Jesu aus dem Vorstellungsbereich des Besitz- oder Strafrechts leiden unter Plausibilitätsschwierigkeiten. Straferlass, Lösegeld, Freikauf sind im Zusammenhang mit der Befreiung von Sklaven u. ä. verständlich. Aber warum kauft uns der Tod Jesu frei oder warum wird uns eine Strafe dadurch erlassen?

Das Nachdenken darüber hat schon in den ersten christlichen Jahrhunderten zu Unerträglichkeiten geführt: Wem wird das Blut Jesu als Lösegeld bezahlt? Dem Teufel? Er hat ja ein Anrecht auf Sünder. Dann ist Erlösung ein mythischer Vorgang, der uns unsere Verantwortung raubt. Wird das Blut als Lösegeld Gott, dem Vater bezahlt? Dann ist Gott eine fürchterliche Größe. Er kann nur vergeben und lieben, wenn vorher der einzige Unschuldige die Rechnung mit seinem Blute begleicht.

Diese Vorstellungen sind nur überzeugend, wenn sie als selbstverständliche Denkmöglichkeiten unbesehen plausibel erscheinen. Jede Zeit kann aber das befreiende Neue, das Jesus brachte, wenn es nicht museal werden soll, nur in den eigenen Denkmöglichkeiten aussprechen.

Systematische Theologie wäre schon allein deshalb zu Neuformulierungen gezwungen. Aber die Gleichnisse Jesu selbst sprechen eine andere Sprache, z. B. das Gleichnis vom verlorenen Sohn (Lk 15,11 ff.) oder von den Arbeitern im Weinberg (Mt 20,1 ff.). Sie reden von Liebe und Güte als von der Wirklichkeit der Gottesherrschaft bei uns, und dies ausdrücklich im Gegensatz zu Berechnung und Leistung. Jesus selbst und auch andere Deutungsversuche des Neuen Testaments ermöglichen verständlichere Deutungszugänge.

M 3

Jesus – Gottes Sohn ? von Günther Roth (ev. Theologe) *(Fortsetzung)*

Paulus z. B., dem von Kind an Opferkult und juristische Vorstellungen plausibel waren, kann darüber hinaus für uns einsichtiger deuten: „Gott versöhnte in Christus die Welt mit sich selbst" (2. Kr. 5,19). Da ist keine Rechnung mehr zu begleichen zwischen dem richtenden und rechnenden Vater und dem unschuldigen Sohn, sondern Leben und Sterben Jesu werden im Ganzen als ein göttlicher Versöhnungsvorgang verstanden. Auch wo Paulus von sich persönlich redet (Phil. 3), bezeichnet er alles, worauf er früher so stolz war, als Dreck gegenüber dem Neuen: „zu erkennen ihn und die Kraft seiner Auferstehung und die Gemeinschaft mit seinen Leiden, indem ich seinem Tode gleichgestaltet werde" (3,10).

Paulus war nicht martyriumssüchtig. Wenn er Gemeinschaft mit den Leiden Jesu und Gleichgestaltung mit seinem Tod suchte, wollte er den Leiden der Liebe gleichgestaltet werden. Ohne die Liebe – meinte er – wäre er nichts, auch wenn er alle Geheimnisse wüsste und die tiefste Erkenntnis besäße. Ein Nichts wäre er, wenn er ohne die Liebe seinen Leib brennen ließe (1. Kor. 13). Die Liebe dagegen hört nimmer auf, auch nicht im Tod.

Also ist Jesus für unsere Sünden gestorben? – Gewiss.

Sein Leben und sein Sterben und seine Auferstehung eröffnen uns ohne Kult und Berechnung eine an ihm selbst bewährte neue Wirklichkeit. Sie ist todüberwindend und lebenserfüllend. Er nannte sie Liebe und schloss aus ihr selbst Feinde nicht aus. In diesem Sinne ist der Kreuzestod Jesu ein Liebessymbol. Es eröffnet Freiheit, Bergungsräume und Anstöße zum Handeln, ohne uns zu Menschen zu degradieren, die keine Verantwortung haben.

© *Prof. Dr. Günther Roth*

M 4

Religiöser Pluralismus

In der Spätantike hatte sich ein religiöser Pluralismus entwickelt. Neben der Verehrung der Götter Roms und Griechenlands gewann der ägyptische Isiskult und der Kult des persischen Gottes Mithras an Bedeutung. Es entwickelten sich auch zahlreiche neue Religionen und Kulte wie zum Beispiel der Kult des „Sol invictus", des unbesiegbaren Sonnengottes, sowie zahlreiche Mysterienkulte. Religiöse Inhalte wurden weiterentwickelt und es gingen vielfältige Mischungen auch mit philosophischem Gedankengut ein, insbesondere mit gnostischen Lehren. Die gnostische Lehre ist eine Erlösungsreligion, die davon ausgeht, dass es im Menschen, der Teil der bösen materiellen Welt ist, einen göttlichen Lichtfunken gibt, den der Mensch erkennen muss, um erlöst zu werden. Gnostisches mischt sich mit christlichem Gedankengut. So sind in die Formulierung des Johannesprologs gnostische Vorstellungen mit eingeflossen. Im 3. Jh. entwickelte sich eine neue gnostische, synkretistische Religion, die Elemente des Christentums, des Buddhismus und des Zoroastrismus enthielt: der Manichäismus. Diese sich schnell verbreitende Glaubenslehre geht von einem strengen Dualismus aus: das göttliche Lichtreich und das Reich der Dunkelheit, Gut und Böse stehen sich als Gegner in der Welt gegenüber. Das Urchristentum umfasste vielfältige Formen, von denen manche eng mit den später als Irrlehren angesehenen religiösen Richtungen verwoben waren. In den Glaubensbekenntnissen spiegelt sich das Bemühen, die wahre christliche Glaubenslehre zu formulieren.

M 5

Entwicklung des Glaubensbekenntnisses

Grundgestalt Tauformel:

Wort des Auferstandenen Mt 28,19: „Geht hin, macht zu Jüngern alle Völker und tauft sie im Namen des Vaters und des Sohnes und des Heiligen Geistes."

Daraus werden drei Fragen an den Täufling abgeleitet:
1. Glaubst du an Gott, den Vater, den Allherrscher?
2. Glaubst du an Jesus Christus, den Sohn Gottes?
3. Glaubst du an den Heiligen Geist?

Der Täufling antwortet auf jede der Fragen mit „Credo" – Ich glaube – und wird daraufhin jeweils ins Wasser eingetaucht

Im 2. und 3. Jh. wird die einfache dreigliedrige Formel bei der Christusfrage und bei der Frage nach dem Heiligen Geist weiter aufgefüllt.

Im 4. Jh. liegt ein vom Frage-Antwort-Schema gelöster durchlaufender Text vor. Das Taufbekenntnis wird zum Glaubensbekenntnis („Symbolum" = „Symbol" genannt).

(nach: Ratzinger, Joseph: Einführung in das Christentum, München 1968, S. 54–56)

M 6
Apostolisches Glaubensbekenntnis

Mit den Gottesattributen „Vater" und „Allherrscher" vereint das apostolische Glaubensbekenntnis den Gott des Glaubens und den Gott der Philosophen.

Allherrscher (gr. Pantokrator): geht zurück auf das alttestamentliche „Jahwe Zebaoth" (= Herr der Mächte); diese Bezeichnung weist Gott als den Herrn des Himmels und der Erde aus; er ist der Herr auch über die Gestirne – eine Aussage, die sich auch gegen die babylonische Verehrung der Gestirne als Götter wendet. Politisch bedeutet Pantokrator auch: Herr über alle weltlichen Herrn.

Vater: ein Begriff aus der Welt der Familie; er stellt die Verbindung zum zweiten Glaubensartikel dar, in dem von „Jesus Christus, seinem eingeborenen Sohn" die Rede ist.

Das Zusammenbinden beider Begriffe in einer Formel bringt das eigentlich Christliche zum Ausdruck: die Verbindung von höchster Macht und tiefster Liebe. Gott der Allherrscher hat verzichtet auf seine Macht und ist Mensch geworden. In der Krippe und am Kreuz zeigt sich die wahre Allmacht Gottes. Die höchste Macht erweist ihre Macht gerade darin, dass sie darauf verzichten kann, sich mit Gewalt durchzusetzen. Sie ist mächtig allein in der Liebe; einer Liebe, die sich selbst in ihrer Zurückweisung noch als stärker erweist als alle irdische Gewalt.

nach: Ratzinger, Joseph: Einführung in das Christentum, München 1968, 113 f.; inhaltlich stark gekürzt und überarbeitet

Arbeitsaufträge

1. Der erste Artikel des Glaubensbekenntnisses spiegelt Auseinandersetzungen mit religiösen und philosophischen Vorstellungen wider.
2. Welche sind das?
3. Was ist das unterscheidend Christliche am Gottesbild des Apostolikums?
4. Wird die Umformulierung Sölles Ihrer Meinung nach dieser Aussage gerecht?

IV. Grundriss einer Zusammenschau: das christliche Credo

M 7

Material zu den Doppelseiten 102/103, 104/105

Der folgende kleine Aufsatz dient dem Selbststudium. Anhand der beiden Schöpfungserzählungen können Sie grundlegende theologische Aussagen wiederholen. Im alten Orient und auch heute noch im orientalischen Kulturraum gilt, dass oftmals weniger in dem, was erzählt wird, als vielmehr in der Weise, wie etwas erzählt wird, das Wesentliche mitgeteilt wird.

Tipp: Kennzeichnen Sie beim Lesen einerseits Beobachtungen zur sprachlichen Gestalt, andererseits theologische Interpretationen dieser Beobachtungen in zwei unterschiedlichen Farben.

„Im Anfang schuf Gott Himmel und Erde; die Erde aber war wüst und wirr, Finsternis lag über der Urflut, und Gottes Geist schwebte über dem Wasser. Gott sprach: Es werde Licht. Und es wurde Licht. Gott sah, dass das Licht gut war. Gott schied das Licht von der Finsternis, und Gott nannte das Licht Tag, und die Finsternis nannte er Nacht. Es wurde Abend: erster Tag."

„Bereschit bara elohim ..." Bereschit heißt Anfang, aber auch der Kopf, das Haupt. Ganz unüblicherweise steht es hier ohne Artikel. Es müsste eigentlich einen Nebensatz, wohl einen Temporalsatz einleiten: „Als im Anfang Gott den Himmel und die Erde schuf ...". Es folgt jedoch hierauf kein Nebensatz. Das Verbum bara = schaffen müsste dann im Infinitiv stehen, steht es aber nicht. Neuer Versuch: Als im Anfang Gott erschaffen hatte Himmel und Erde, war die Erde wüst und leer. Das Moment der Zeitlichkeit ist klar, Raum und Zeit sind die Kategorien der Schöpfung, nicht die Gottes. Sehr viel später erfährt diese Textstelle eine philosophische Auslegung unter dem Begriff der creatio ex nihilo, die Schöpfung aus dem Nichts. Neben diesem späten Gedanken eines absoluten Anfangs tritt als weitere Eigentümlichkeit das Schaffen, das Verbum bara. Es steht im Perfekt, zeigt nicht den Vorgang an, sondern das Resultat. Es ist das erste Verbum der Bibel und es ist ein ganz besonderes: bara kann immer nur ausschließlich von Gott als Subjekt gebraucht werden. Wenn der Mensch etwas schafft, ein Künstler etwa ein Kunstwerk, dann gibt es hierfür andere Verben. Schaffen als bara kann nur exklusiv Gott. Die philosophische Interpretation einer creatio ex nihilo ist somit legitim. Im Anfang war die Tat. Das Verbum wird sparsam eingesetzt, in der Schöpfungserzählung jedoch erscheint es siebenmal, immer an qualitativ ausgezeichneten Stellen, und sogar gleich dreimal bei der Schaffung des Menschen.

Für Gott steht das Wort Elohim, Elohim ist ein Plural oder auch der Gattungsbegriff Gott. Es impliziert die Frage, welcher Gott. Dass diese Offenheit im Gottesbegriff am Anfang so stehen bleibt, lässt erwarten, Gott wird sich schon noch erweisen als der, wer er ist. Man darf gespannt sein auf die folgende Geschichte.

„Himmel und Erde" ist ein im Hebräischen üblicher Begriffszwilling, eine Formel, die einfach „alles" meint, alles, was der Fall ist, die Welt, den Kosmos, eben die Schöpfung, die Unermesslichkeit von Raum und Zeit.

„Die Erde aber war wüst und leer", so übersetzt Luther, und so Martin Buber: „Die Erde aber war Irrsal und Wirrsal. Finsternis über Urwirbels Antlitz, Braus Gottes schwingend über dem Antlitz der Wasser." Tohuwabohu herrschte, dieses Wort steht hier und von dieser Bibelstelle haben wir auch unser Tohuwabohu. Die Übersetzungen versuchen das Lautmalerische in der Alliteration nachzuahmen, wüst und wirr. Finsternis herrscht, das Dunkel ist konnotiert mit Tod, Leben kommt erst mit Licht in die Welt. Alles, was ist, ist Urflut, ungebändigtes Chaos, tehom. Das klingt nach tiamat, der Göttin des toten Salzwasserozeans. Marduk tötet sie, so steht es im Enuma elis, dem Schöpfungsmythos von Babylon. Die Leser im babylonischen Exil werden das wiedererkannt haben, die Ähnlichkeit und den Unterschied: Anstelle der Urgottheit steht die Urflut, ein Naturereignis.

Die biblische Schöpfungserzählung ist Mythos und Entmythologisierung in einem.

Im Griechischen steht für diesen Urzustand der Begriff Chaos. Gottes Schöpfungstaten bestehen nun im Ordnung Schaffen, Teilen, Ausgestalten, Schmücken. Schmuck heißt auf Griechisch Kosmos. Aus Chaos wird Kosmos. Dort, wo Mensch oder Teufel diese Ordnung durcheinanderbringen, entsteht Chaos. Durcheinanderwerfen heißt auf griechisch diaballein. Diabolos, der Teufel, ist also der Chaos-Produzent. Deshalb nennt Faust auch Mephistopheles „Du des Chaos wunderlicher Sohn". Das Chaos ist keine eigenständige antigöttliche Macht. Gottes Geist = ruach schwebt darüber. Ruach kann Atem, Hauch, Wind, Sturm und Geist heißen. Das Wort „schweben" lässt uns an ein Segelflugzeug denken, dabei meint es aber einen bestimmten Flugzustand des Raubvogels, der in der Luft an einer Stelle bleibt, bevor er sich auf die Beute stürzt, den sog. Rüttelflug. Dieses Verbum findet sich hier. Es impliziert ein Zugleich von Statik und Dynamik.

Material zu den Doppelseiten 102/103, 104/105 *(Fortsetzung)*

Licht ins Dunkel bringen, das ist das erste, was Gott anordnet. Ein performativer Sprechakt bewirkt dies. Martin Buber: „Gott sprach. Licht werde! Licht ward." Das ist grandios einfach.

Dieses „und Gott sprach ..., und es wurde" kehrt nun immer wieder, das prägt sich ein. Hier zeigt sich deutlich der didaktische Stil der Priesterschrift. In gleicher Weise strukturiert die Geschichte auch der Refrain vom Tag und von „Gott sah, dass es gut war." Gott sprach, Gott schied, Gott nannte, so gliedert sich der Vorgang. Durch das Licht werden Tag und Nacht geschieden und damit unterscheidbar. Das Benennen, die Namensgebung, signalisiert Macht. Dieses Motiv wird uns wenig später bei Adam wieder begegnen. Neben der Finsternis ist die Urflut ein Chaosmerkmal. Ihr gilt die zweite Scheidung. Der dritte Tag teilt in Land und Wasser. Das Land bringt nun von sich aus Pflanzen hervor. Ansätze einer botanischen Systematisierung sind rührend zu erkennen. Am 4. Tag werden die Leuchten aufgehängt: die große für den Tag, die etwas sparsamere für die Nacht. Man beachte das Wort „Leuchten", es klingt fast beleidigend, immerhin ist von Sonne und Mond die Rede, Gestirne, die zur damaligen Zeit Gottheiten waren. Die Schöpfungserzählung der Bibel ist auch hier wieder entmythologisierender Mythos. Der fünfte Tag bringt Fische und Vögel, der sechste beginnt wieder harmlos mit Tieren von Wald und Flur, dann aber:

„Dann sprach Gott: Lasst uns Menschen machen, als unser Abbild, uns ähnlich. Sie sollen herrschen über die Fische des Meeres, über die Vögel des Himmels, über das Vieh, über die ganze Erde und über alle Kriechtiere auf dem Lande. Gott schuf also den Menschen als sein Abbild: als Abbild Gottes schuf er ihn. Als Mann und Frau schuf er sie. Seid fruchtbar, und vermehret euch, bevölkert die Erde, unterwerft sie euch und herrscht über die Fische des Meeres, über die Vögel des Himmels und über alle Tiere, die sich auf dem Land regen. Dann sprach Gott: Hiermit übergebe ich euch alle Pflanzen auf der ganzen Erde, die Samen tragen und alle Bäume mit samenhaltigen Früchten. Sie sollen euch zur Nahrung dienen. So geschah es. Gott sah alles an, was er gemacht hatte: Es war sehr gut. Es wurde Abend, und es wurde Morgen: der sechste Tag."

Gott schuf (bara) den Menschen, als sein Bild schuf (bara) er ihn. Als Männchen und Weibchen schuf (bara) er sie. Dreimal dieses exklusive Verb: Die sprachliche Gestaltung „zeigt", was ausgesagt werden soll: Der Mensch ist Kulminationspunkt, Krone der Schöpfung. Bild ist im Altertum viel mehr als nur Abbild. In Ägypten ist in den Bilder-Statuen – dieses Wort wird hier verwendet – der Pharao und Gott geradezu persönlich gegenwärtig. Der Mensch ist das Bild Gottes, die Gegenwart Gottes auf Erden, sein Stellvertreter. Gott begegnet dir im Menschen. Sogar in der Frau, genau das will der Text sagen in der sehr patriarchalen Welt. Die Übersetzung mit Männchen und Weibchen betont deutlich die sexuelle Differenzierung, genau diese Begriffe stehen in der Originalsprache. Frau und Mann tragen in gleicher Weise ihren göttlichen Kern in sich. Mit dem Segen Gottes sollen sie fruchtbar sein. Der Segen ist ein Versprechen auf die Zukunft hin. Zum Segen und nicht zum Fluch soll ihr Wirken sein. Fruchtbar sollen sie sein, vielen Kindern das Leben schenken. In der Weitergabe des Lebens sind die Menschen am Schöpfungswerk beteiligt. Die Schöpfung geht weiter, creatio continua hat man das genannt. Gott bleibt mit seinem Segen bei seiner Schöpfung, auch wenn es nicht immer danach aussehen mag. Im Anfang jedenfalls war alles gut. Wie Gott den Menschen als kleinen Gott der Welt vorsieht, zeigen die darauf folgenden Verse: Herrschen soll er (rada), das heißt unterwerfen, seinen Fuß auf den Nacken des Besiegten stellen, diese altorientalische, ägyptische Zeremonie klingt in diesem Verbum an. Bange werden könnte es bei einer solchen Gottebenbildlichkeit. Aber auch das andere Konnotat ist dabei: Der Herrscher als Hirte, der mit Verantwortung fürsorglich mit dem umgeht, was ihm gehört. Herrschen heißt dann zähmen, zähmen heißt sich vertraut machen. „Hiermit übergebe ich euch ...", sprachlich wie ein Rechtsakt wird dem Menschen die Welt gegeben. Durch sein Eintreten in die Welt nimmt der Mensch Besitz von ihr. Durch sein Eintreten für sie übernimmt er Verantwortung. Die Pflanzen dienen ihm und auch den Tieren als Nahrung. Am Anfang ist der Mensch Vegetarier. Fleischfresser wird er erst nach der Geschichte von Noach und der Sintflut. Das abschließende Urteil Gottes heißt diesmal sogar: „Es war sehr gut". Dieser Tag bekommt nun auch im Unterschied zu den anderen den Artikel: „Der sechste Tag."

„So wurden Himmel und Erde vollendet und ihr ganzes Gefüge. Am siebten Tag vollendete Gott das Werk, das er geschaffen hatte, und er ruhte am siebten Tag, nachdem er sein ganzes Werk vollendet hatte. Und Gott segnete den siebten Tag und erklärte ihn für heilig; denn an ihm ruhte Gott, nachdem er das ganze Werk der Schöpfung vollendet hatte."

Material zu den Doppelseiten 102/103, 104/105 *(Fortsetzung)*

Hier wiederholt sich die Formel „Himmel und Erde" aus dem ersten Satz. Gott erklärt die Schöpfung für vollendet. Alles wird abschließend unter das Verbum bara gestellt. Dieses wird abgelöst durch das Verbum ruhen = sabat, besser übersetzt mit feiern, sich freuen am gelungenen Werk. Nicht vom Wortstamm, aber doch vom Laut her klingt in jüdischen Ohren bei sabat der Sabbat an, der Wochentag, der geheiligt ist. Heilig heißt aus dem Alltag herausgenommen, der Tag, der Gott gehört. So soll auch der Mensch feiern, der Segen des Tages gilt dann ihm und seinem Werk.

Die 2. Schöpfungserzählung: Paradies und Sündenfall

„Zur Zeit, als Gott, der Herr, Erde und Himmel machte, gab es auf der Erde noch keine Feldsträucher und wuchsen noch keine Feldpflanzen; denn Gott, der Herr, hatte es auf der Erde noch nicht regnen lassen und es gab noch keinen Menschen, der den Ackerboden bestellte; aber Feuchtigkeit stieg aus der Erde auf und tränkte die ganze Fläche des Ackerbodens.
Da formte Gott, der Herr, den Menschen aus Erde vom Ackerboden und blies in seine Nase den Lebensatem. So wurde der Mensch zu einem lebendigen Wesen.
Dann legte Gott, der Herr, in Eden, im Osten, einen Garten an und setzte dorthin den Menschen, den er geformt hatte. Gott, der Herr, ließ aus dem Ackerboden allerlei Bäume wachsen, verlockend anzusehen und mit köstlichen Früchten, in der Mitte des Gartens aber den Baum des Lebens und den Baum der Erkenntnis von gut und böse."

Hier steht nun Jahwe, der Eigenname Gottes, neben Elohim, der Gattungsbezeichnung. Welcher Schreiber hat demnach hier zumindest in irgendeiner Ebene seine Feder im Spiel? Richtig, der Jahwist. Der maximale zeitliche Abstand zur Priesterschrift wäre der älteren Forschung folgend wie Picasso zu Dürer. Mag die zweite Erzählung nach der neueren Forschung auch nicht so früh liegen, viel archaischer als die an erster Stelle stehende wirkt sie allemal. Sie erzählt letztlich die gleiche Geschichte, nur ganz anders. Der erste Satz zeigt das schon: erst Erde, dann Himmel. Von den Geschöpfen wird das Wichtigste zuerst geschaffen, der Mensch, dann alles andere. Gemeinsam ist beiden Texten der lebensfeindliche Urzustand. Dort waren es die Urfluten, jetzt ist es die Wüste. Das weist nach Ägypten. Sonne gibt es genug, Wasser zu wenig. Viermal zeigt ein „Noch-Nicht" den desolaten Zustand. Erst als Wasser von unten und von oben als Regen hinzukommt, gibt es Erdboden und Pflanzen. Das geschieht einfach so, ganz evolutionär.

Aber dann: Wie ein Töpfer aus Ton, so formt Gott Jahwe den Menschen. Wieder ist es die sprachliche Gestalt, die zeigt, was der Mensch eigentlich ist. Keine Übersetzung hält hier mit: Der Mensch heißt adam, gemacht ist er aus Erde = adamah. Mensch ist das, was aus Erde gemacht ist, aus „Staub vom Acker" übersetzt es Buber. Ein „Erdling" ist der Mensch. „Brüder bleibt der Erde treu." Aus Staub seid ihr und Staub werdet ihr. So hört es jeder Katholik am Aschermittwoch. Lebensatem kennt die Bibel auch für Tiere. Auch sie leben ja bis zu ihrem letzten Atemzug. Aber die Pointe liegt hier darin, dass der Mensch von Gott Atem, von Gottes Leben sein qualifiziertes Leben eingehaucht bekommt. Gott teilt hier etwas von seiner Göttlichkeit mit.

Die zweite Schöpfungserzählung ist mehr unter dem Namen Paradieseserzählung bekannt. Eden, so heißt der Garten, und das heißt übersetzt Wonne. Hieronymus übersetzt ins Lateinische mit voluptas = Lust. Die Septuaginta wählt hierfür das griechische paradisios, daher unser Paradies. Die Ausstattung lässt keine Wünsche übrig, es werden vier Flüsse darin genannt, zwei davon sind uns bekannt: Euphrat und Tigris. Dort sucht mancher noch immer nach diesem Ort. Warum ist solch Suche vergeblich? Lesen Sie weiter!

„Gott, der Herr, nahm also den Menschen und setzte ihn in den Garten von Eden, damit er ihn bebaue und hüte.
Dann gebot Gott, der Herr, dem Menschen: Von allen Bäumen des Gartens darfst du essen, doch vom Baum der Erkenntnis von gut und böse darfst du nicht essen; denn sobald du davon isst, wirst du sterben.
Dann sprach Gott der Herr: Es ist nicht gut, dass der Mensch allein bleibt. Ich will ihm eine Hilfe machen, die ihm entspricht.
Gott, der Herr, formte aus dem Ackerboden alle Tiere des Feldes und alle Vögel des Himmels und führte sie dem Menschen zu, um zu sehen, wie er sie benennen würde. Und wie der Mensch jedes lebendige Wesen benannte, so sollte es heißen. Der Mensch gab Namen allem Vieh, den Vögeln des Himmels und allen Tieren des Feldes. Aber eine Hilfe, die dem Menschen entsprach, fand er nicht.

Material zu den Doppelseiten 102/103, 104/105 *(Fortsetzung)*

M 7

Da ließ Gott, der Herr, einen tiefen Schlaf auf den Menschen fallen, so dass er einschlief, nahm eine seiner Rippen und verschloss ihre Stelle mit Fleisch. Gott, der Herr, baute aus der Rippe, die er vom Menschen genommen hatte, eine Frau und führte sie dem Menschen zu. Und der Mensch sprach:
Das endlich ist Bein von meinem Bein / und Fleisch von meinem Fleisch. / Frau soll sie heißen, / denn vom Mann ist sie genommen."

Dem Adam fehlt etwas, sein Paradies ist nicht vollkommen. Gott entgeht das nicht. Was Adam braucht, ist eine „Hilfe". Ein männlich naiver Leser wird vielleicht an eine Haushaltshilfe denken – welch ein Irrtum. Im Hebräischen ist das Wort Hilfe mit Gott selbst verbunden. In Psalmen heißt Gott „Hilfe für den Menschen" in der Not. Gott kann Hilfe sein, weil er mehr ist als der Mensch. In solcher Hilfe für Adam ist etwas von Gott selbst enthalten. Sie soll Adam entsprechen, ein Partner sein. So werden die Tiere erschaffen. Diese ersten Versuche scheitern. Adam gibt den Tieren ihre Namen, d. h., er erkennt, was sie ihrem Wesen nach sind, wofür sie gut sind. Für die Dramaturgie hat das retardierende Wirkung. Vorbereitet wird jedoch die Idee, sollte das ihm Entsprechende dabei sein, so müsste sich dies in seiner Namensgebung zeigen. Im Schlaf geschieht nun das Geheimnisvolle. Adam weiß nicht, wie ihm geschieht. Die Liebe überfällt ihn im Schlaf. Aus einer Rippe Adams bildet Gott das ihm entsprechende Gegenüber. Es kann sein, dass das Wort Rippe im Hebräischen eine Konnotation hatte, die wir heute nicht mehr kennen. Interessant ist der Hinweis, dass in der Keilschrift der Sumerer das Zeichen für Rippe auch Leben bedeutet.

„Und Gott führte sie dem Menschen zu." Schon zur Zeit der Kirchenväter wurde diese Stelle so kommentiert, dass aus Gott, dem Gärtner, Gott, der Brautführer wird. „Und der Mensch sprach" – das ist das erste Mal, dass der Mensch spricht, der Leser hat noch das „und Gott sprach" der ersten Schöpfungserzählung im Ohr – und was Adam spricht, ist im Hebräischen ein Gedicht! Aus dem lonely Cowboy wird ein Poet:

„Das endlich ist Bein von meinem Bein,
Fleisch von meinem Fleisch.
Frau soll sie heißen,
Denn vom Mann ist sie genommen."

In den ersten zwei Zeilen bestätigt Adam, die passt zu mir. Dann folgt die Namensgebung in Form eines Wortspiels: isch heißt der Mann, ischa ist die Feminiform von isch. Man könnte mit Luther übersetzen: Männin soll sie heißen, denn vom Mann ist sie genommen. Jetzt erst weiß der Mann sich als Mann, zuvor war er das noch gar nicht. Das ist eine Namensgebung ganz anderer Art als die bei den Tieren. Das ist Erkennen und Selbsterkenntnis zugleich. Sprachlich entspricht dieses Gedicht einem Chiasmus, die Zusammenführung von Mann und Frau ist wie in der konkreten Poesie zu sehen.
A) Dies
B)   Soll heißen
C)   Ischa denn
D)   vom isch
B)   genommen ist
A) dies

Der zweite Akt: So geht das Paradies dahin ...

„Die Schlange war schlauer als alle Tiere des Feldes, die Gott, der Herr, gemacht hatte. Sie sagte zu der Frau: Hat Gott wirklich gesagt: Ihr dürft von keinem Baum des Gartens essen? Die Frau entgegnete der Schlange: Von den Früchten der Bäume im Garten dürfen wir essen; nur von den Früchten des Baumes, der in der Mitte des Gartens steht, hat Gott gesagt: Davon dürft ihr nicht essen und daran dürft ihr nicht rühren, sonst werdet ihr sterben."

Die Ursünde
Kaum ein Text in der Bibel hat so viele Interpretationen erfahren wie diese kurze Geschichte. Immer wollte man in ihr die Antwort auf die Frage finden, woher das Übel in der Welt komme. Worin bestand diese Ursünde, die den Verlust des Paradieses nach sich zog? Wer war schuld? Eva verführte Adam, diese Deutung hat viel Übel angerichtet. Dabei war es ja die Schlange, die Eva verführte. Die Psycho-

Material zu den Doppelseiten 102/103, 104/105 *(Fortsetzung)*

analyse deutet die Schlange als Phallus-Symbol. Es gibt bis heute Versuche, die Ursünde als sexuelle Sünde zu lesen. Wie dem auch sei, anspruchsvoller sind kulturphilosophische Ansätze. Erst durch die Erkenntnis von gut und böse wird der Mensch zum Menschen. Er emanzipiert sich, wird mündig, bedient sich seines eigenen Verstandes. Als Aufgeklärter zahlt er einen Preis. Ins Paradies der Kindheit führt kein Weg zurück. Für Kleist war der Mensch im Paradies im Zustand der „Grazie". Das Bewusstsein, die Reflexion gerade hierauf zerstört diese. Man kann sich nicht zugleich glücklich fühlen und darum wissen oder es aussprechen. Wissen und Sprache bringen eine Differenz in die Unmittelbarkeit des Glückszustands. Diese Differenz zerstört. Spaemann spricht von Antinomien im Glücksbegriff. Zitiert werden soll hier die Auslegung von Hubert Halbfas, sie geht aus vom Symbol des Baumes in der Mitte des Gartens: „Nun kennzeichnet den Paradiesgarten aber noch mehr als das Wasser des Lebens der Baum des Lebens, der zweimal als „der Baum in der Mitte" bezeichnet wird ... Die Mitte als jener heilige Ort, an dem sich Himmel und Erde, Diesseits und Jenseits berühren. Der Baum, der hier steht, ist aus innerer Notwendigkeit Lebensbaum. Streng genommen ist die Mitte ausdehnungslos, jener unvermessbare Ort, in dem sich Diesseits und Jenseits verschränken, Erde und Himmel, Tod und Leben. Zugleich ist dieser Ort unverfügbar. Das Essen vom Baum in der Mitte erscheint somit als Verletzung einer Dimension, die der menschlichen Eigenmächtigkeit entzogen ist. Wer sich dennoch des Unverfügbaren bemächtigt, verletzt das Gesetz des Lebens und zerstört, wovon Menschen in Übereinstimmung mit sich selbst, mit der Schöpfung und mit Gott leben."

Die folgende Deutung hat für sich, dass sie sich an Beobachtungen der sprachlichen Gestaltung festmacht. Gott wird immer Jahwe Elohim genannt. So der erste Satz: Die Schlange war schlauer als alle Tiere, die Jahwe Elohim gemacht hatte. Der Name Jahwe wird von Juden aus Ehrfurcht nicht ausgesprochen. Sie sagen dafür „Adonaj" = der Herr. Die Voranstellung von Jahwe vor Elohim ist unüblich, sie findet sich nur hier. In unserem „Herrgott" ist diese Stellung erhalten. Gott ist der Herr, es gibt nur ihn, soll das heißen. Nun sagt die Schlange: „Hat Gott wirklich gesagt, dass ...". Was ist hier passiert? Aus Jahwe Elohim wird einfach nur Elohim, aus Gott, dem Herrn, wird einfach Gott. Die Frau übernimmt in ihrer Antwort diese einschneidende Änderung: „Nein, Gott hat gesagt, dass ...". Darauf die Schlange: „Ihr werdet wie Gott, und erkennt gut und böse." Nach getaner Tat heißt es dann wieder: „Als sie Gott den Herrn = Jahwe Elohim im Garten gegen den Tagwind einherschreiten hörten, versteckten sich Adam und Eva vor Jahwe Elohim = Gott, dem Herrn, unter den Bäumen. Und Jahwe Elohim rief: Adam ...".

Was sich hier rein sprachlich abzeichnet, ist eine Veränderung im Gottesbild. Es wird unterschlagen, dass Gott der Herr, Adonai, ist. Der Mensch will wie ein Gott werden. Wie Gott, der Herr, Adonai, zu werden, steht außer jeder Logik. Jahwe Elohim, Adonai Elohim, ist einzig. Von ihm nur im Gattungsbegriff Elohim zu reden, heißt verleugnen, wer er ist. Die Verführung geschieht durch die Sprache. Sie ist schon angelegt im Märchenmotiv eines sprechenden Tieres. Die Verletzung der vertikalen Dimension Gott – Mensch geht dem Übel auf der horizontalen Ebene Mensch – Mensch voraus und ist ihr Grund. Darin besteht die Ursünde.

„Da sprach Gott, der Herr, zur Schlange: Weil du das getan hast, bist du verflucht unter allem Vieh und allen Tieren des Feldes. Auf dem Bauch sollst du kriechen und Staub fressen alle Tage deines Lebens. Feindschaft setze ich zwischen dich und die Frau, zwischen deinem Nachwuchs und ihrem Nachwuchs. Er trifft dich am Kopf, und du triffst ihn an der Ferse."

Diese Stelle war für die Wirkungsgeschichte von großer Bedeutung. Sie wird gelesen als ein Hinweis auf die sog. neue Eva, Maria. Der Satz „Er wird es sein, der dich trifft am Kopf" wurde auf Jesus bezogen. Schon bei der Vertreibung aus dem Paradies wird angekündigt, dass es Erlösung gibt. Von daher hat diese Stelle die Bezeichnung Protoevangelium bekommen. Was Gott hier verhängt, das beschreibt unsere Realität. Es ist unser Alltag.

© *Martin Hann*

Material zu den Doppelseiten 102/103, 104/105 *(Fortsetzung)*

Fragen zum Verständnis des Textes

1. Welche vier Ebenen des Pentateuch können traditionellerweise unterschieden werden?
2. Warum nennt man die Schöpfungserzählung auch einen entmythologisierenden Mythos?
3. Wie heißt das erste Wort der Bibel?
4. Worin liegt das Besondere des Verbums bara?
5. Welche Grundaussagen ergeben sich aus der Schöpfungserzählung für das Gottesbild?
6. Welche Grundaussagen ergeben sich aus der Schöpfungserzählung für das Menschenbild?
7. Was ist die bleibende Bedeutung des siebten Tages?
8. Welche Götternamen verwendet die zweite Schöpfungserzählung?
9. Was bedeutet das Wort Adam?
10. Worin besteht die Ursünde, wenn man von Beobachtungen der literarischen Gestaltung des Textes ausgeht?

Antworten

1. Jahwist, Elohist, Priesterschrift, Deuteronomist
2. Die Welt als Schöpfung wird entgöttlicht. Gestirne sind keine Gottheiten, sondern „Lampen".
3. Bereschit = im Anfang; im Anfang schuf Gott Himmel und Erde
4. Bara kennt nur Gott als Subjekt.
5. Gott ist alleiniger Schöpfer dieser Welt; kein Dualismus; die Schöpfung ist freie Tat; die Güte Gottes und seiner Schöpfung
6. Der Mensch ist Bild Gottes auf Erden, darin gründet seine Freiheit, Verantwortung und personale Würde.
7. Er setzt die Zäsur von Ruhe und Feiern im sonst immer gleichen Alltag.
8. Elohim und Jahwe
9. der aus der Erde Gemachte
10. Aus Gott, dem Herrn, wird nur Gott, die Gattungsbezeichnung. Die sog. Ursünde besteht in der Änderung des Gottesbildes.